新・MINERVA
福祉ライブラリー
23

自分たちで創る現場を変える
地域包括ケアシステム

わがまちでも実現可能なレシピ

竹端寛・伊藤健次・望月宗一郎・上田美穂 編著

ミネルヴァ書房

はじめに

現場からの疑問

　本書のタイトルを見て，いま手にとってくださった方の中には，地域包括ケアシステムの構築にすでに関わっている，あるいはこれから関わろうとしている方が少なくないだろう。そのような「想定読者」の皆さんが，持っているかもしれない「疑問やためらい」の数々を，冒頭にいくつか提示してみたい。
・地域包括ケアシステムというもの自体が，何だかよくわからない。
・地域包括ケアシステムの理念はわかるけど，具体的にどうしていいのかわからない。
・法律で求められているから，何かしなくちゃいけないのだけれど，何から手を付けてよいのかわからない。
・「個別支援会議」と「地域ケア会議」の違いは何か，が腑に落ちない。
・地域包括ケアシステムって，地域包括支援センターの仕事のはずで，なぜ行政の事務職が取り組まなければならないのかが，理解できない。
・わが自治体はどうすべきかの「正解」を示してほしいけど，国も県も誰も示してくれない。

　これらの発言は，実際に私が何度も聞いたことのある話である。そして，これらの現場発の質問に応えるために，本書を作った。そこで，本書の全体構成について紹介する前に，本書ができる経緯についても触れておきたい。

「チーム山梨」の「規範的統合」

　これまでわが国の地域包括ケアシステムの理念的整理を行い，事情通の人なら必ず目を通す報告書を作ってきた「地域包括ケア研究会」は，2014（平成26）年3月に「地域包括ケアシステムを構築するための制度論等に関する調査研究

i

事業報告書」を発表した。これは，厚生労働省の補助金で行われた研究事業であり，わが国の介護保険政策の方向性を示してきた研究者や元厚労省専門官などが関わり，今後の地域包括ケアシステムのあるべき姿や意図を明確に示している報告書である。

2015年度の制度改正の前提にもなった同報告書の中で，「規範的統合」という聞き慣れないフレーズが登場した。同報告書の4ページには，以下のように定義づけされている。

> 保険者や自治体の進める地域包括ケアシステムの構築に関する基本方針が，同一の目的の達成のために，地域内の専門職や関係者に共有される状態を，本報告書では「規範的統合」とよぶ。「規範的統合」を推進するためには，地域の諸主体が，同じ方向性に向かって取り組みを進める必要があり，自治体の首長による強いメッセージの発信も重要である。また，自治体・保険者には，まちづくりや医療・介護サービスの基盤整備に関して，明確な目的と方針を各種の計画の中で示す工夫が求められる。

一見すると難しそうな解説だが，実は本書の元になる「手引き」(後述)を創り上げるプロセスは，「チーム山梨」のメンバーが，「同一の目的の達成のために，地域内の専門職や関係者に共有される状態」を産み出してきた「規範的統合」のプロセスそのものでもあった。しかも，それは国のやり方を上意下達的に鵜呑みにする・あるいは「自治体の首長による」トップダウン的なアプローチとは真逆の，現場から創り上げるボトムアップ的な手法に基づく「基本方針」としての「手引き」の作成であった。

つまり，「地域包括ケアシステムの構築に関する基本方針」の創設と現場レベルでの「共有」という「規範的統合」のためには，様々な関係者を巻き込んだ「チームづくり」が必要不可欠である。そして，本書のできあがるプロセスとは，「チーム山梨」の「規範的統合」過程であり，「自分たちで創り上げる地域包括ケアシステム」の動きそのものであったのだ。

これは一体どういうことか。

はじめに

「チーム山梨」の生成プロセス

　本書の編著者4人（竹端寛，伊藤健次，望月宗一郎，上田美穂）は，「チーム山梨」による「規範的統合」のために活動を共にしてきた。

　山梨県庁で地域包括ケアシステム推進担当であった保健師の上田美穂は，2011（平成23）年度から，地域包括支援センターの現状や課題整理，そして「地域ケア会議」の推進をテーマにした「地域包括ケア推進研究会」を設置することになった。その際，障害者領域での地域自立支援協議会の立ち上げ実績があり，コミュニティソーシャルワークにも詳しい福祉政策の研究者である竹端寛にも声をかけ，研究会のコーディネート役を依頼した。

　この1年目の議論をもとに，2012（平成24）年度は，市町村の地域ケア会議の実践を支援するアドバイザー派遣事業もスタートした。先述の竹端だけでなく，ケアマネジメントが専門で介護福祉士・社会福祉士でもある伊藤健次，公衆衛生が専門で保健師でもある望月宗一郎，そして老年看護学が専門の小山尚美氏（1年目のみ）という山梨県立大学の3名の若手研究者も加わり，4名体制で県内の市町村支援チームを作った。このアドバイザー派遣や，2年目を迎えた上記研究会の議論を踏まえ，山梨の現場で見聞きする困難とは何であり，それを克服する為の処方箋や，実現可能な地域ケア会議とは何か，について整理した。そしてそれを「地域ケア会議推進のための手引き～市町村・地域包括支援センターの視点から～」（以下「手引き」）として2013（平成25）年3月に発刊した。この「手引き」を作成するプロセスの中で，山梨県内で地域包括ケアシステムの実践に携わる市町村・県行政・地域包括支援センター・各種専門職・研究者が一同に介し，議論を重ね，同じ方向性に向かって取り組みをまとめるチームづくりが生まれた。これが「チーム山梨」としての「規範的統合」にも結びついた。そして完成した「手引き」の中で，「チーム山梨」による「地域ケア会議」のオリジナルな定義づけを以下のように行った。

　「地域ケア会議とは，自分の住んでいる地域でよりよい支え合いの体制づくりを作るためのツールであり，単に会議を開催すればよいのではなく，各地域の実情に基づいて，地域づくりの展開のプロセスの中で，開催形式や方法論を

柔軟に変えていくことが求められる，動的プロセスである。」

　研究会での議論や，アドバイザー派遣による支援などを通じて，「チーム山梨」が最も大切にしてきたことは，この「動的プロセス」である。「動的プロセス」とは，こちらがあらかじめ「正解」を用意して，それを現場に「当てはめる」のではなく，各現場で起きている「課題」の背景にある「困難な物語」を読み解き，その要因を分析する中で，各現場固有の解決方策を，それぞれ見つけ出そうとする流れのことである。そして「手引き」は，各自治体で成功する解決策としての「成解」を見出すヒント集として作成された[1]。

　この「手引き」は，現場実践で苦悩している地域包括支援センター関係者だけでなく，地域包括ケアシステムをゼロから学ぶ自治体事務職や社会福祉協議会など，様々な関係者に読まれた。また，ウェブで公表したため，県外からも広く読まれることになった。2013（平成25）年度は，アドバイザー派遣事業を続けると共に，この「手引き」を普及・啓発しながら，「地域ケア会議」を魂のこもったものにするためにはどうしたらよいか，を上記研究会で議論し続けた。その中で，「自立支援に資するケアマネジメント支援」「地域ケア会議への医療や多職種の参画」「住民主体の地域づくりへの展開」の「3つの視点」が研究会での議論の争点となった。この「3つの視点」からどのような現場の変容課題が浮かび上がるか，を整理し，2014（平成26）年3月には「地域ケア会議等推進のための手引き（Part2）〜住民主体の地域包括ケアを多職種で効果的に実践するために〜」（以下，「手引き」）が刊行された。

　本書は上記の2つの「手引き」を創り上げた「動的プロセス」の中から産み出された，「チーム山梨」の「規範的統合」の一つの成果である，ともいえる。

カリスマ依存ではなく「自分の頭で考える」

　ここまでお読みになられた段階で，読者の中には，「山梨ってすごい」「うちの県（市町村or組織）ではとてもそこまでできない」「核になる人材がいない」などという嘆きやボヤキを抱かれた方もいると思う。現に，こういう声は，私の耳にも入ってくる。

はじめに

　だが，本書を通じて「チーム山梨」で整理してきたことは，カリスマワーカー，保健師，社会福祉協議会（以下，社協）職員，行政職員，首長などが「いない」自治体でも実現可能な方法論である。「いやいや，そもそも研究者がこんなに現場で継続的にアドバイスしてくれることがない」という反論も聞いたことがあるが，これだって山梨の専売特許ではない。

　2011（平成23）年度末に山梨で講演した美作大学の小坂田稔先生は，中山間地における地域包括ケアシステムのあるべき・できうる姿を早くから提唱し，「地域ケア会議　岡山モデル」という形で整理してきた。その後，赴任した高知県立大学時代には，「高知県地域福祉支援計画」という行政・包括・社協が一体的に地域福祉に取り組む総合計画も作成してきた。この小坂田先生が，岡山や高知で実績を出し続けているのは，研究者仲間や実践現場の人々とのチーム形成を巧みに形成してきたからである。山梨でアドバイザー派遣事業として研究者チームを作ったのも，また地域包括ケア研究会というチームで「手引き」を作り続けたのも，この小坂田方式の模倣であった。

　ただ，いくら模倣であっても，単なるカット＆ペーストやパクリ，当てはめではない。山梨で活躍する専門職，市町村職員，社協職員，県庁職員，研究者などという貴重な社会資源をどう活かすことができるか，を常に意識し続けた。その中で，カリスマ自治体，カリスマワーカーでなくとも，どこの自治体でも実現可能なレシピを作ることを目指してきた。ただし，「自分の頭で考える」という条件付きで。

　願わくば，本書を手にとってくださった皆さんが，「チーム山梨」で整理した方法論を参考にしながら，皆さんの自治体で実現と持続が可能な，「わがまち独自の地域包括ケアシステム」を創りあげていただきたい。そのために，様々な関係者と本書をダシにして，わが自治体の「あるべき姿」をじっくり考え合い，語り合っていただきたい。それこそ，国が求める「規範的統合」に向けた第一歩になるはずである。

本書の構成

本書は第Ⅰ部「地域包括ケアシステムを創る」と第Ⅱ部「地域包括ケアシステムを創るための3つの課題」の二部構成になっている。第Ⅰ部は総論，第Ⅱ部は各論，という位置づけである。そして，第Ⅰ部の前に序章を，第Ⅱ部の後には終章を置いている。

序章では，「地域包括ケアシステムって，何だかよくわからない」「地域包括ケアシステムって，地域包括支援センターの仕事のはずで，なぜ行政の事務職が取り組まなければならないのかが，理解できない」という疑問に答えるための，地域包括ケアシステムに関する5W1Hが描かれている。想定読者としては，福祉行政に初めて携わる自治体担当職員向けの初歩的な解説をイメージした入門編である。

第Ⅰ部は3章構成になっている。冒頭の疑問に即していえば「地域包括ケアシステムの理念はわかるけど，具体的にどうしてよいのかわからない」「法律で求められているから，何かしなくちゃいけないのだけれど，何から手を付けてよいのかわからない」という疑問に答えようとしている。

第1章「地域包括ケアシステムは誰が創るのか」では，従来の専門職の「個別指導」というアプローチを超えた「御用聞き」のスタンスや，個別課題を地域課題に変換するための視点・論点，リーダーとファシリテーターの違いなどについて論じた。

第2章「ボトムアップ型の地域包括ケアシステムの創り方」は，ボトムアップ型のしくみとは何か，その中で地域ケア会議をどう位置づけるか，という概念的整理を行う（第2章第1節）と共に，その効果的な実践に必要な「7つの要素」を提示し，「戦略」や「戦術」以前に，自治体レベルで内省と対話に基づく「土台」づくりを行わないと，規範的統合はうまくいかないことも整理した（第2章第2節）。また，本書に至る「研究会やアドバイザー派遣事業を活用した動的プロセス」も整理している（第2章第3節）。

第3章「事例から見るボトムアップ型地域包括ケアシステム」では，2つの全く異なるアプローチを取り上げる。第1節では，総合相談体制の構築や地域

福祉計画作成に向けた動的プロセスを，地域包括ケアシステム形成にむけた要として位置づけている南アルプス市の実践をご紹介する。第2節では，「御用聞き」に基づき，支援者の事業ベースではなく，住民のニーズベースでの地域課題の把握と地域展開を進める北杜市の実践をご紹介する。

　第Ⅱ部は，先の手引き作成の経緯でもご紹介した「自立支援に資するケアマネジメント支援」「地域ケア会議への医療や多職種の参画」「住民主体の地域づくりへの展開」の「3つの視点」を深める章立てになっている。また，「『個別支援会議』と『地域ケア会議』の違いは何か，が腑に落ちない」「わが自治体はどうすべきかの『正解』を示してほしいけど，国も県も誰も示してくれない」という問いへの応答も心がけた。

　第4章「ケアマネジメントを徹底的に底上げする」は，5つのパートから構成されている。まずは「課題を明確化するとはどのようなことか」を焦点化した地域アセスメントに関する概説（第4章第1節）の後，地域ケア会議における「困難事例」の検討を行う意味や，今後の事例検討のあり方についての整理・検討がなされる（第4章第2節）。その上で，地域ケア会議においてグループスーパービジョンを通じたケアマネジメントの底上げを行った富士吉田市の事例報告を受け（第4章第3節），介護支援専門員（以下，ケアマネジャー）が地域包括ケアシステムにどう向き合うべきかの論点整理も行った（第4章第4節）。それらを踏まえ，多くの現場専門職が苦悩している「個別課題から地域課題への変換」に関して，ケアマネジメントの観点から具体的なあるべき姿を描いていく（第4章第5節）。

　第5章「多職種が本気で連携する」は，5つのパートから構成されている。多職種連携を本気で進めるためには，各々の専門職が，自らの専門性の壁をどう乗り越えて変容する必要があるか，を，ケアマネジャー（第5章第1節），医療ソーシャルワーカー（第5章第2節），訪問看護師（第5章第3節），作業療法士（第5章第4節）の実践現場から見えた課題として提示している。その上で，実際の自治体における地域ケア会議での連携課題の整理の中から，「自分事」としての「連携」とは何か，についての総括的な考察を行った（第5章第5節）。

第6章「地域づくりへと一歩踏み出す」は，4つのパートから構成されている。最初に，これまで何度も触れてきた「動的プロセス」としての地域ケア会議とは一体どういうものか，を具体例に基づきながら整理する（第6章第1節）。次に，地域包括ケアシステムを政策として機能させるためにはPDCAサイクルの必要性が繰り返し主張されているが，現場で本当にそれを回すためのポイントを概説する（第6章第2節）。その上で，地域づくりにおける主軸を担う社会福祉協議会がどのような変容課題を迫られているのか，それを文字通り「身をもって」体験している南アルプス市社協の実践を報告する（第6章第3節）。最後に，包括と社協の役割分担について，コミュニティソーシャルワークの課題として整理し，さらにはCSWそのものの変容課題も整理する（第6章第4節）。

　これらを踏まえて終章では，「チーム山梨」の「規範的統合」に向けた動的プロセスや本書作成を通じて見えた地域包括ケアシステムの今後の課題や，ボトムアップ型で「自分たちで創る」上でのポイントなどを改めて整理する。また，医療との今後の連携課題についても提示している。

　繰り返しになるが，本書は法律書でもなければ，マニュアルでもない。これを読めばすべて解決，という本ではない。そもそも，地域包括ケアシステムの構築は，何かを読み，それを鵜呑みにすればできるものではない。その地域の実情や社会資源を頭に浮かべ，「自分の頭」で考え，「顔の見える関係性」を構築する中で，一組織・一法人・一専門職の壁を越えた「チーム○○」を創り上げる動的プロセスが立ち上がる。そして，その動的プロセスの中にこそ，地域包括ケアシステムを「自分たちで創る」エッセンスが詰まっている。

　本書が，その動的プロセスを展開する原動力やヒントになってほしい，と願っている。

2014年12月

編著者を代表して　竹端　寛

注
(1) 「正解」と「成解」については，本書第1章を参照。

目　次

はじめに

本書でわかること・学べること

序　章　いまなぜ地域包括ケアシステムなのか……………………… 1

第Ⅰ部　地域包括ケアシステムを創る

第 1 章　地域包括ケアシステムは誰が創るのか……………………… 11

第 2 章　ボトムアップ型の地域包括ケアシステムの創り方…… 21
　　第 1 節　ボトムアップ型の地域包括ケアシステムとは　21
　　第 2 節　効果的な地域ケア会議の実践に必要な 7 つの要素　27
　　第 3 節　県と市町村との協働による推進　34

第 3 章　事例から見るボトムアップ型
　　　　　地域包括ケアシステム ……………………………………… 45
　　第 1 節　福祉総合相談体制構築と地域福祉計画作成の動的プロセス　45
　　第 2 節　地域の御用聞きから住民主体の地域づくりへの展開　53

第Ⅱ部　地域包括ケアシステムを創るための 3 つの課題

第 4 章　ケアマネジメントを徹底的に底上げする ………………… 61
　　序　61
　　第 1 節　地域をアセスメントし健康課題を見出す　63
　　第 2 節　「困難事例」から見えてくる地域課題　74

第 3 節　ケアマネジャーに寄り添いたい　82
　　　第 4 節　ケアマネジャーは地域包括ケアにどう向き合うべきか　90
　　　第 5 節　自立支援に資するケアマネジメント支援　97

第 5 章　多職種が本気で連携する　107
　　　序　107
　　　第 1 節　ケアマネジャーの立場から　109
　　　　　　──地域包括ケアのキーパーソンとして
　　　第 2 節　医療ソーシャルワーカーの立場から　117
　　　　　　──医療現場から地域につながる
　　　第 3 節　看護の立場から──本人中心のチームづくり　124
　　　第 4 節　作業療法士の立場から──勝手にはじめる地域包括ケア　132
　　　第 5 節　地域包括ケアシステムに必要な連携とは　141

第 6 章　地域づくりへと一歩踏み出す　151
　　　序　151
　　　第 1 節　動的プロセスとしての地域ケア会議　153
　　　第 2 節　PDCA サイクルを効果的に回す　159
　　　第 3 節　「事業型社協」からの転換　167
　　　第 4 節　コミュニティソーシャルワークの課題　175

終　章　ゼロから創る地域包括ケアシステム　183

おわりに　191
さくいん　193

本書でわかること・学べること

□この本の全体像を一読で知りたい→序章，終章

地域包括ケアシステムの全体像

□今さら聞けない「基本のき」を知りたい→第1章

□「本人中心」「住民主体」の理念とは？→第1章

□「問題」と「課題」はどう違う？→第4章第1節

地域ケア会議について

□地域ケア会議をボトムアップ型で創る方法を知りたい→第2章第1節

□地域ケア会議を成功に導く「7つの要素」→第2章第2節

□個別課題を地域課題に変えていく方法を知りたい→第1章

□具体的な事例で地域ケア会議の展開方法を知りたい→第6章第1節

□PDCAをどんどん回すために→第6章2節

自治体との関係について

□都道府県が市町村支援で果たすべき役割とは？→第2章第3節

□困難事例解決を地域福祉計画につなげる方法→第3章第1節

□「御用聞き」を地域で実践してみる→第3章第2節

□市町村がケアマネジャーに寄り添う地域ケア会議とは？→第4章第3節

ケアマネジメントの課題

□「困難事例」を解決に導く事例検討の方法を知る→第4章第2節

□地域作りでケアマネジャーに求められる役割とは？→第4章第4節

□成解をもたらすケアマネジメントとは？→第4章第5節

□ケアマネジャーはどう変わるべきか？→第5章第1節

連携の課題

□MSWとの連携→第5章第2節

□訪問看護や医師との連携→第5章第3節

□公私混同から，勝手に始める地域づくり→第5章第4節

□表面的な「連携」で終わらせないために→第5章第5節

地域作りの課題

□社協も本気で変わらないとね！→第6章第3節

□事後対応から事前予防型への転換→第6章第4節

□コミュニティソーシャワークって何だ？→第6章第5節

序　章
いまなぜ地域包括ケアシステムなのか

「地域」で「包括ケア」が必要な理由

　超高齢社会に突入した日本社会で，今後とも住み慣れた地域で自分らしく暮らし続けるために，どのような支援体制が構築できるか。財源的な部分も含めて「持続可能性」をどう担保できるか。この問いを前にして着目されているのが，「包括ケア」という方法論である。

　以下，包括ケアの定義を紹介する。

　　資金・運営・ケア提供者のレベルにおいて治療（cure）部門とケア（care）部門の内部の相互間で連携，提携，協力を作り出すために考えられた一連の技術や組織モデル。

　　　（新井光吉（2011）『日欧米の包括ケア』ミネルヴァ書房，3頁）

　この定義から明らかなのは，治療とケアの「相互間で連携，提携，協力」が自治体（資金），地域包括支援センターや福祉施設・医療機関（運営），介護支援専門員（以下，ケアマネジャー）やヘルパー，看護師（ケア提供者）の各レベルで行われることによって，より効果的なケアシステムを構築することができる，という視点である。では，なぜその「包括ケア」の前に「地域」という言葉が付いているのであろうか？　これを「在宅生活」と「地域生活」の違いから考えてみたい。

　要介護状態になって，ホームヘルパーやデイサービスなどを利用し，入院や入所をせずに自宅で暮らしている。この状態は「在宅生活」ではあるが，「地域生活」であろうか？　介護保険のサービスを活用して自宅で暮らしていても，近所の人と茶飲み話に花を咲かせたり，孫や子どもと楽しい時間を共有したり，

という「なじみの人々との関わり合いや信頼関係」が奪われてしまっては，生きる喜びも楽しさも人生の質（QOL）もかなり低下する。つまり「在宅」生活とは違い，「地域」生活とは，そのような様々な人々との「関わり合いや信頼関係」を継続する，あるいはつなぎ直す生活である。ということは，「地域包括ケア」が射程に入れるべきは，「治療とケア」だけでなく，本人の「関わり合いや信頼関係」を維持・発展するための「相互間で連携，提携，協力」なのである。

一人ひとりの住民の生きがいや役割，誇りを持ち続けること（自助），ご近所や親戚，友人など「顔の見える関係」の中で寄り添い支え合うこと（互助），民生委員やサロン活動，地域の見守りネットワークなど，公助のサポートを受けながらも地域の中で自主的に支え合い活動を行うこと（共助），医療・保健・福祉の様々なサービスを使って住民の安心と安全を守り続けること（公助）の4つすべてをシステムとして考えることができるのは，保険者でもある基礎自治体である[1]。そこで，自助と互助，共助への支援をどう展開できるか，および治療（cure：医療）とケア（care：保健福祉）サービスをどのように切れ目なく展開できるか，を考えるのが，地域包括ケアシステムである，と整理できる。この推進には，住民，民生委員や町内会・自治会，ボランティア団体やNPO，社会福祉協議会，介護保険事業者，医療機関等など，地域での自助・互助共助・公助に携わる関係者・組織の全体像を把握し，有機的にお互いを結びつけ，より効果的で住民にとって価値ある支援をどう展開できるか，が自治体行政に求められている。

「本人中心」と「住民主体」

地域包括ケアシステムを自治体レベルで推進する際，最も重視すべきは「本人中心」という視点である。認知症支援では，次のようにその本質が整理されている。

- ・年齢や認知能力に関係なく，すべての人間には絶対的な価値があるとする価値観

・各々の個性を大切にした個別アプローチ
・サービス利用者の世界観への理解
・心理的なニーズを支援する社会環境の提供

(Brooker, D. (2007) *Person-centered dementia care*, Jessica Kingsley Publisher, pp.12-13)

認知症でもALSでも末期がんでも，症状の種類や重度に関係なく，「すべての人間には絶対的な価値がある」。また，同じような症状・障害を持つ人でも，「各々の個性を大切にした個別アプローチ」が必要である。そのためには，一人ひとりの「世界観への理解」が必要であり，家族のニーズだけではなく，本人の「心理的なニーズを支援する社会環境の提供」が必要不可欠である。これが「本人中心」の視点の中心であり，個別支援の基本である。

そして地域支援に目を向けたとき，地域住民全体の「住民主体」を重視する必要がある。行政にお任せ状態である地域なら，住民達の力を引き出すエンパワメント支援が必要不可欠になる。そこで，町内会や自治会，民生委員だけでなく住民団体の組織化支援を行う社会福祉協議会のコミュニティソーシャルワーカー（CSW）の力が必要不可欠になってくる。また「住民主体」の取り組みを進めようとするならば，まずは行政や専門職が「知ったかぶり」をせず，その地域のことを知らないという当たり前の前提に立ち返り，住民たちに教わるという姿勢を持つことが大切だ。

つまり，地域包括ケアシステムを推進するためには，「本人中心」と「住民主体」は車の両輪である，といえる。では，地域包括ケアシステムを構築・推進するにあたって大切な論点とは何だろうか。以下では，その論点を5W1Hに沿って整理していく。

地域包括ケアシステムの5W1H

① Who（誰のために？ 誰が？）

地域包括ケアシステムは「誰のため」に必要なのか。現在支援や見守りが必要な人だけのためではない。あなた自身，すでにこの状態に置かれているかも

しれないし，近い将来，対象者になる可能性は十分にある。要介護者の急増で自治体の介護保険が財政的にパンクすれば，今の水準のケアが，あなたが要介護者になった時代では受け取れない「悲劇」も，現実的に起こりうる。つまり，これは誰にとっても他人事ではなく，対象者は広く地域住民全体のために，そして将来の自分のために，という視点を持っておく必要がある。

　また，「誰が」地域包括ケアシステムの主体的責任を担っているのか，が不明確なままでは，事業は進まない。地域包括ケアシステムの推進は，地域包括支援センターだけでは実行できない。地域福祉計画，介護保険事業計画や障害福祉計画とも密接に連動させて展開すべき内容であり，自治体行政が責任をもって取り組むべき課題である。その上で，地域づくりの部分では地域住民だけでなく，地域包括支援センターや社会福祉協議会と，そしてサービス調整や連携については，介護保険事業者や医療機関にも，役割分担をしてもらう必要がある。

② What（何を？）

　どんなに重度な要介護状態であっても，ターミナルや医療的ケアが必要でも，「住み慣れたわが町」で「関わり合い」を維持しながら暮らし続けることが可能な支援体制を作り上げること。これが地域包括ケアシステムの中身である。その実現には，自助・互助・共助・公助の持てる力のフル稼働と有機的連携，お互いが抱え込まない・つぶれない役割分担関係の構築が必要不可欠である。地域ケア会議とは，そのための重要な手段となる。

　地域包括ケアシステムを推進するにあたって，地域ケア会議等の中で出てきた「困難事例」の集積の中から「地域課題」を整理し，その「地域課題」の解決に向けた政策形成を実行するためのマスタープランとして地域福祉計画を位置づけると共に，各領域での具体的な推進方法論として介護保険事業計画等の各種の福祉計画を位置づけることが求められる。地域ケア会議の積み重ねの先に自治体福祉計画が連動していなければ，せっかくつかんだ地域課題のニーズを自治体が無視・放置することになりかねず，「地域の問題を地域の中で解決するしくみ」は成り立たない。

③　Where（どこで？）

　地域包括ケアシステムは基礎自治体単位で推進すべきであるが，「本人中心」「住民主体」の見守り・支援体制を作り上げていくためには，重層的な構造が必要不可欠である。ただ，個別の事例には，地域内での共通する課題が隠れている場合も少なくない。すると，個別の支援事例の積み重ねから見えてくる地域課題を，小学校区（旧村レベル）や中学校区（旧町レベル）で整理し，広域課題として捉えると，効率的で効果的な解決策が見出せる。

　前述の小地域で析出された課題をもとに，自治体全体で施策化すべき課題や，各種の福祉計画に反映すべき課題を探るのが，自治体単位での地域ケア会議であろう。とすれば，各地域の実情や，合併前後の変化，地理的な広さ等の観点を勘案した上で，町内会・自治会単位―旧町村単位―市町村単位，の3層構造程度の重層システムが必要不可欠である。

④　When（いつ？）

　時間軸で考えると，すぐにできる・取り組むべきこと，ちょっと工夫すればできること，予算化・事業化が必要なこと，に分けて取り組む必要がある。

　すぐにできる・取り組むべきこととは，地域包括支援センターと自治体行政が主催する，地域包括ケアシステム推進に向けた作戦会議である。その際，社会福祉協議会や基幹型障害者相談支援センター等との協働も必要不可欠である。また，既存のサービス担当者会議等で挙げられている個別事例を整理し，地域課題として検討すべき内容がないかを検討するのも，次の展開に向けた足がかりとなるはずだ。

　ちょっと工夫すればできることには，地域包括ケアシステム推進のプロジェクトチームづくりが挙げられる。官民協働のチームづくりの中では，行政の縦割りや多職種の方向性のズレを超えた，5W1Hの共有や共通認識化が必要不可欠になる。お互いの立場や専門性の違いが意外と大きいため，このすり合わせには時間をかける必要がある。ここの部分を手抜き・怠ると，たちまち会議は形骸化するだろう。また，認識が共有できた段階で，具体的にモデル地区を設定しての地域ケア会議の実践と検証，「困難事例」の検討，あるいは地域課

題のアセスメント，などのモデル実践を試みるのも有効である。これらの認識の共有とモデル実践の展開を通じて，医療機関や介護保険事業所との連携体制，また社会福祉協議会や民生委員などとの連携体制，なども見直し，何が課題になっているか，を浮き彫りにすることも重要である。

　予算化・事業化が必要なこととしては，自治体内での地域包括ケアシステム推進担当部局の設置や，全庁的対応のしくみづくりが挙げられる。それがないと，自治体のすべての地区で地域ケア会議を開催することは不可能である。そのためにも，先進地への視察・交流や研修会の開催，スーパーバイザーの活用等も検討する必要がある。また，相談支援体制の見直しや，後述する南アルプス市のような福祉総合相談窓口設置，あるいは社会福祉協議会のコミュニティソーシャルワーカーへの財源確保や委託内容の検討，さらには各種福祉計画の策定に，この地域包括ケアシステムの取り組み内容を接続すること，なども重要課題である。

⑤　Why（なぜ？）

　なぜ自治体単位で地域包括ケアシステムを推進しなければならないのか。その最大の理由は，中央集権的な福祉システムの限界とも関係する。地域での支え合いのしくみづくりは，その自治体の人口規模や地理的条件，社会資源の質と量，住民の気質や特性，これまでの地域福祉の推進体制の歴史的経過等々に大きく依存している。ゆえに厚生労働省は，抽象的なモデルや先進地域の具体事例を示すことができても，こうすれば成功するという画一的で標準化したノウハウを指し示すことは不可能である。つまり，この問題は，個々の自治体で，行政担当者と専門職，住民が共に汗をかきながら，一緒に考える中でしか，解決策が生まれないのである。まさに，地域包括ケアシステムの構築は，地方分権の試金石である。

　これは，前例踏襲や上意下達的な仕事のやり方とは真逆である。しかし，福祉課題の解決は，法や制度の運用・適用と違い，「これをすれば正解」という唯一の「正解」はない。むしろ，その地域や現場で，「こうしたら成功した」という成功を導く解決策，つまりは「成解」[(2)]を導き出すしかない。そのために，

「本人中心」「住民主体」という前提にたち，住民と行政，専門職が，巻き込み・巻き込まれながら，共に考え合いながら，解決策を模索するしかない。

本書も国のマニュアルも，唯一の「正解」ではない。自分自身が要介護状態や認知症，医療的ケアが必要になったとき，「この街に住んで良かった！」と思えるような地域づくりを今から展開していく。「他人事」ではなく，「自分事」の視点を持って，「本人中心」「住民主体」の考え方で，自分たちの自治体にあったやり方を模索するしかない，のである。

⑥ How（どのように？）

地域包括システムをどのように展開するか。その推進役割を担う地域ケア会議について，筆者たちは国の定義を参考にしながら，次のような独自の定義を行った。

> 地域ケア会議とは，自分の住んでいる地域でよりよい支え合いの体制づくりを作るためのツールであり，単に会議を開催すればよいのではなく，各地域の実情に基づいて，地域づくりの展開のプロセスの中で，開催形式や方法論を柔軟に変えていくことが求められる，動的プロセスである。

「地域の実情に基づいて」進めるためには，地域ケア会議に関わる住民・行政・専門職間での「顔の見える関係づくり」がないと始まらない。この部分をなおざりにして機械的に計画を推進しても，現場では全く役立たない会議になってしまう。

また，「対応方法」を検討するケース会議を超え，「困難事例」を読み解き，掘り下げる中で地域課題という地下水脈を掘り当てる，というボトムアップ制が必要不可欠である。「サービス担当者会議」や「事例検討会」などから浮かび上がる地域課題について，「小地域ケア会議」の中で，その地域の課題を抽出し，関係者を集めて解決に向けた検討を行う地道な努力の積み重ねが大切である。

地域包括ケアシステムを「創る」

先述のように，地域ケア会議の推進において，唯一の正しい「正解」はない。

その自治体・地域の特性，社会資源，地理的・風土的特徴を活かした形での「成功」する「解決策」（＝「成解」）を作り出すしかない。そして，その推進は，自治体行政こそが担うべき重要課題なのであり，自治体担当者は住民や専門職と協働して，この課題に取り組むべきである。

　本書の各執筆者たちは，それぞれの現場で，地域包括ケアシステムを「創る」ためのチーム形成や具体的実践を通じた試行錯誤を重ねてきた。この試行錯誤の記録を読み解く中で見えてくるのは，人口が少ない・中山間地である・社会資源やリーダーシップの取れる人材が限られている……というハンディを抱えた自治体であっても，自分たちの地域・自治体なりの「成解」としての地域包括ケアシステムを「創る」ことは可能だ，ということである。

　もっと言えば，国や先駆的自治体のモデルをそのまま自らの自治体に当てはめることは無謀であり，百害あって一利なし，ということである。本書をお読みの皆さんも，本書の事例を，間違っても「正解」と受け取っていただきたくない。本書を，自分たちの自治体独自で地域包括ケアシステムを「創る」ための「考えるヒント」としてご活用いただければ，と願っている。

注

(1) 本書における自助・互助・共助・公助の定義は，先述の国の方向性を示す地域包括ケア研究会報告書の定義とは異なっている。上記報告書では，共助を保険料によるリスク共有のしくみである「介護保険」と位置づけ，本書で示した互助・共助の内容を一括で互助と整理している。これは学術的にみても正しい整理である。

　　だが，財源の半分が公費である介護保険に関しては，自治体や支援現場の実感としては，共助より公助と位置づけられている。むしろ，費用負担が制度的に裏づけられていないものの中にも，より公助に近いものと，より自助に近いものがあり，そのちがいに現場は自覚的である方が，地域ケア会議も混乱しにくい。そこで本書では，あえて国や学術的定義とは異なる共助・互助の定義づけを行っている。

(2) この「正解」と「成解」の違いについては，矢守克也（2009）『防災人間科学』東京大学出版会に詳しい。また，福祉分野における両者の違いや，「成解」を導く方法論については，拙著（竹端寛（2012）『枠組み外しの旅——「個性化」が変える福祉社会』青灯社）の中でも検討している。

第Ⅰ部

地域包括ケアシステムを創る

第 1 章
地域包括ケアシステムは誰が創るのか

「御用聞き」から見えてくるもの

　筆者が第3章第2節の舞台である山梨県北杜市にアドバイザーとして行った際，モデル地区で「小地域ケア会議」を開催したいのだが，と相談された際に口をついて出たのが，「御用聞きに行ってみればどうでしょうか」という一言だった。それまでも，地域包括支援センターの地区担当が地域をまわり，民生委員や自治会などとも関わりをもっている，とも聞いてはいた。だが，そこで出た，地区担当が把握していた「地域課題」がどうも表面的であり，その地域の「本当の課題」とは言えない「表層的なニーズ」のように思えた。そこで，本当のニーズを掘り下げるためにどうしたらいいか，を考えていて，浮かんだのが，「御用聞き」である。

　御用聞きとは，『広辞苑（第五版）』(1998年，岩波書店) によると「得意先などに注文を聞きにまわること。また，その商人」とされている。

　地域包括ケアとは，もちろん商業行為ではない。だが，「住民主体の地域づくりのプロセス」を考える上で，その地域の住民のニーズを聞いてまわる必要がある。それも，自分達の問題意識や課題を相手に押しつける形で質問するのではなく，地域住民の実感に基づいた声を拾い集める必要がある。この「御用聞き」の姿勢が，従来の専門職によるアセスメントやヒアリングとどう違うのか。その一つの答えとして対象者や対象地域の「物語（＝ナラティヴ）」に着目する「ナラティヴ・ソーシャルワーク」の中で，それは「無知の姿勢」として整理されている。

　この「無知の姿勢」は，ナラティヴ・アプローチにおいて，いまだ語られ

ていないナラティヴを引き出すために必要な支援者の態度です。しかし，この言葉は，支援者が有する知識や技術，倫理などの「専門性」とは真っ向から対立する考え方です。ナラティヴ・アプローチでは，無知の姿勢に立つことで，自らの専門性も否定します。そして，「クライエントこそ専門家である」という立場から支援をおこないます。

(荒井浩道（2014）『ナラティヴ・ソーシャルワーク』新泉社，73-74頁)

ここで書かれている「無知の姿勢」とは，「『クライエントこそ専門家である』という立場から支援をおこな」うことを重視する姿勢である。保健師や社会福祉士，介護支援専門員（以下，ケアマネジャー）などの「専門性」をいったん脇に置いておき，「クライエント（＝住民）」に「教えてあげる」という姿勢と決別することを意味する。この地域の実情を知っているのは，専門家の私ではなく，住民のあなたである，という視点から，住民の語りに素直に耳を傾ける。その際，住民の「専門性」を重視し，「自らの専門性」を脇に置いて，「無知の姿勢」で，じっくり住民の話（＝専門職にいまだ語られていないナラティヴ）を伺う。

この「御用聞き」＝「無知の姿勢」のアプローチは，住民主導の地域づくりの展開の中で，どう活かすことが可能であろうか。

「無自覚な先入観」と専門性

専門職は日常的に「見立て」を行って，個人なり地域に介入をしていく。だが，その「見立て」は，実は「無自覚な先入観」に基づく場合も少なくない。この人は「認知症，生活保護世帯，パーキンソン病，……だから」というのが，「わかったふり」をしているだけの，「無自覚な先入観」である。同様に，「この地域は○○だから」というのも，実は「わかったふり」の「思い込みや先入観」の可能性はないか。たとえば「限界集落は，みんな将来への希望がなく，閉塞感があるはずだ」「都会からの転入者達は，昔からの旧住民と価値観が違うので，交わろうとしないはずだ」といった「見立て」も，実は「思い込みや先入観」かもしれない。

実際，第3章第2節で紹介される北杜市の例でも，「御用聞き」を行った地域包括支援センター職員達は，自分たち専門職の「無自覚な先入観」に気づくことができた。その上で，「この地域で伝承されてきた布わらじをみんなで作りたい」「今回の雪害では，区未加入の転入者の中に孤立して大変な思いをした人がいる」といった，住民たちの「いまだ語られていないナラティヴ」と出会い，それを「小地域ケア会議」の題材にすることで，初めて住民達は主体的にその会議に参加し始めた。

　なぜこのような変容が生じたのか。それは，「小地域ケア会議」のテーマが，専門職による「思い込みや先入観」や介護予防事業等の「行政がやりたいこと」の押しつけではなく，住民たちの語りの中から出てきた，住民の偽らざる実感に基づいていたからである。しかも，支援者が「無知の姿勢」で話を聞く中で生成された，住民と支援者の協働構築の「物語」（＝ナラティヴ）である。ゆえに，その「物語」の担い手である住民は，支援者と一緒に「地域の物語」作ったり，書き換えたり，守っていくことには，主体的・自発的に参画したくて参加するのである。

　とはいえ，筆者は保健師や社会福祉士，ケアマネジャー等の持つ専門性そのものを否定しているのではない。その知識を，施設や役所の中で活かすのか，地域の中で活かすのか，によって，活かし方が大きく異なるのだ。役所や施設の中であれば，その機関・施設の論理を優先し，限定された空間での，専門家同士だけで通じ合えばよい専門性・専門用語でも，事は足りる。だが，「御用聞き」や「地域ケア会議」で求められる専門性とは，地域住民が暮らす現場の中で，住民が理解できる形で提示される専門性，である。住民達が日常的な会話を通じて表現する様々な思いや願い，本音を受け止め，その「表現されたニーズ」の背後にどのような要因があるのか，を分析するのがアセスメントの基本である。その上で，様々な声を優先順位づけしながら整理・編集していく必要がある。そして，「御用聞き」の中から出てきた「その地域の課題」を，整理し，それを住民と共有する中で，自助・互助・共助・公助のそれぞれの役割分担とアクションプランづくり，に落とし込んでいく必要がある。

つまり、これまで述べてきた「御用聞き」とは、現状の地域福祉政策に関する「事業評価」(愚痴や不満、不安や本音のつぶやき) を元に、「何が問題か」を発見し、その問題を分析する中で、「政策課題」として構造化し、それを既存事業の精査の中から「新規の事業課題」として設定し、具体的な「事業案の策定」を目指す、という意味で、行政の「政策形成過程」のプロセスそのものと一致する。それも、住民の声に基づく政策形成過程、というのが、「御用聞き」のダイナミズムである。ミクロの個別の声を地域課題に変換し、そこからマクロの自治体政策として受け止める、という意味で、ミクロからマクロへの、個別課題から地域課題への変換こそ、「御用聞き」に求められる「専門性」と言える。

現象・パターン・構造

社会福祉協議会 (以下、社協) や地域包括支援センター (以下、包括)、行政やケアマネジャーなどの専門家が「無知の姿勢」になって、自らの専門性を脇に置き、その地域のことをよく知る「専門家」である住民の声に耳を傾ける中で、様々な個人や地域の「物語」に出会う。それを、単に聞きっぱなしにせず、どう整理しながら、個別課題を地域課題に変換するか。この変換においては、何らかの共通性を整理する中で、ある種の構造化に向けた努力をする必要がある。

たとえばある地区で、バスの定期便が廃止されることによって、様々な困りごとが発生する様子が語られた、としよう。だが、それは「公共交通の問題だから、オンデマンドバスやタクシー券で解決したら良い」と安易に整理することは禁物だ。事実、各地で上記の安易な解決策は「失敗」している。バスがなくなることで、何に困るのか。通院や買い物に困るという声がある一方で、どこかに出かけていく楽しみが減った、バスすら通らない場所なので寂しくなった、といった、居場所のなさや情緒的な課題を挙げる人もいる。そういう様々な声を拾い上げながら、他の地区でも同様の声はないか聞き取りをする中で、やがて病気や障害、年齢といった従来のカテゴリーではなく、「生活の困りごと」で、何らかの共有化や関連づけの糸口が見えてくる。それをパターンとし

図1-1 「大きな地図」の中に課題を位置づける

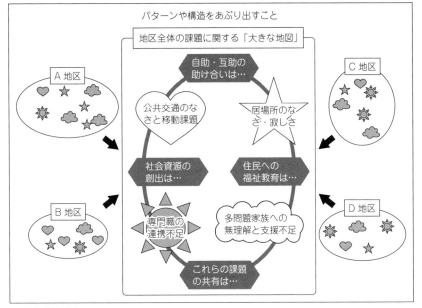

出所:筆者作成。

て整理し,さらにはそれらのパターンの関係性を整理する中で,「その地域での暮らしづらさ」の課題を構造化(見える化)が可能になるのだ。それでこそ,「大きな地図の中での位置づけ」が可能になる。それは,図1-1のように整理できるだろう。

各地区に専門職が「御用聞き」に行く中で,様々な課題が浮き彫りになる。それを語る住民達にとっては,どれもが切実な話題である。そして,様々な地区で「無知の姿勢」に基づいて話を聴き続けるならば,一見するとバラバラに見える現象の中から,共通するまとまりが見えてくるかもしれない。それらに,わかりやすいラベル(「専門職の連携不足」「居場所のなさ・寂しさ」等)を付けるのが,パターン化である。そして,そのパターンを並べながら,各々の関係性を整理する中で,その地域における暮らしづらさの全体構造(=大きな地図)が浮かび上がってくるのである。

その際に,「無知の姿勢」で聞いた「語り」の意味を重視しながら,抽出したパターン相互の関係性を整理しながら,共通する「地域の物語」とは何か,という「問い」を常に抱え続け,住民たちと考え合う中で,より説得力ある構造を見出していくことが可能である。その際,常に「これってどういうことか？」「なぜそうなるのか？」と問いかけ合いながら,お互いが納得できる整理を見出していく。そういうプロセスが,「現象→パターン→構造」の整理の醍醐味である,と言えるだろう。

このような,住民の声に基づく「その地域全体の課題の構造図」を整理することで,専門家の思い込みや偏見で作っていた仮説は破られ,その地域の住民も納得する「大きな地図」が完成する。そして,これが地域づくりの展開には,必要不可欠である。

「よいとこ探し」から「自分事」へ

「無知の姿勢」に基づく住民の物語の発掘の際,問題発見だけでは,話が煮詰まる。その際大切なのは,「よいとこ探し」（＝ストレングスモデル）である。精神障害者の地域生活支援に革命的な影響を与えつつある書籍には,その原則が次のようにまとめられている。

　　原則1：精神障害者はリカバリーし,生活を改善し高めることができる。
　　原則2：焦点は欠陥ではなく個人のストレングスである。
　　原則3：地域を資源のオアシスとしてとらえる。
　　原則4：クライエントこそが支援過程の監督者である。
　　原則5：ワーカーとクライエントの関係性が根本であり本質である。
　　原則6：私たちの仕事の重要な場所は地域である。
　　（ラップ,C. A.・ゴスチャ,R. J.／田中英樹監訳（2014）『ストレングスモデル（第3版）』金剛出版）

この精神障害者やクライエントという表現を「地域住民」に,そしてワーカーを「地域支援の支援者」と置き換えて考えてみよう。まず,市役所に住民を集めるのではなく,各地区を訪問してそこで座談会を開くことは,原則6の

「私たちの仕事の重要な場所は地域である」という宣言を実践している，と言える。次に，「その地域のよいところ」を意識的に尋ねることは，原則2の「欠陥ではなく地域のストレングス」に「焦点」をあてることである。実際に北杜市のモデル地区でも，「その地域のよいところを聞かせてください」というアプローチが，住民たちの心を開く鍵だった，という。

また，モデル地区での住民へのヒアリングの際，「安心して元気に暮らし続けるために地区のことをどう考えているか教えてください」という形で「御用聞き」に取り組んでいたが，この質問は，高齢化率の高い地域であっても，原則1の「リカバリーし，生活を改善し高めることができる」という希望のメッセージを住民にも伝える，ということにもつながった。そのために，「教えてください」という「無知」の姿勢をとっていることは，原則3の「地域を資源のオアシスとしてとらえる」アプローチと通底する。また，介護予防事業に住民を当てはめるのではなく，「無知の姿勢」でたずねる，という点では，まさに原則4の「支援過程の監督者」として住民主体を貫く，ということである。その上で，地域住民と支援者との「関係性が根本であり本質である」という原則5について，どう考えたらよいだろうか。

先にも述べたように，住民達は，自らの語り（ナラティヴ）に基づいた会議であり，かつ自分たちだけでは動かなかった地域課題の解決に向けての協働が始まるならば，その会議に関わる「ワクワク度」や「希望」が見出され，「自分事」として，その会議に参画する。そして，その「自分事」としての「参画」こそが，「住民主体の地域づくり」のために，必要不可欠な要素である。まかり間違っても，専門家が「指導・アドバイス」という形で「上から目線」で「巻き込んで」も，住民たちは決して主体的には参画しない。いつものように，行政から頼まれた会議に渋々付き合う以上には，展開しない。

大切なのは，「その地域の専門家」としての住民の力を信じること，専門職や行政が自らの「専門性」を脇に置いて「無知の姿勢」でその声にじっくり耳を傾けること，そして両者が語り合う中で，お互いが「自分事」として「地域の物語」を共有できること，である。それが，地域課題のパターンを析出し，

全体構造をあぶり出し，それを解決する糸口を一緒に見つけていくプロセスにつながる。そのプロセスからしか，現場で発見された「事件」は，解決には向かわないのだ。ゆえに，地域住民と支援者との関係性が根本であり本質であるといえる。では両者はどのような「関係性」を結べばよいだろうか。

地域包括ケアシステムは誰が創るのか

　　リーダー：住民のために事を為すことを目的としてそこにいる人
　　ファシリテーター：住民が自分たちで事を助けるためにそこにいる人
　　　(Twelvetrees, Alan (2008) *Community Work,* Palgrave Macmillan)

　よく自治体関係者は，「住民は行政に依存的だ」と語る。だが実態は，これまでの行政が「住民のために事を為す」ことを真面目にやり過ぎてきた結果，「依存的な住民」を生み出してきた，とは言えないだろうか。住民に変わって，住民のために「事を為す」というのは，住民の持つ本来の力を奪うことにもつながりかねない。

　そこで必要になるのが，ファシリテーターという考え方である。ファシリテーターとは，住民のために事を為すことを目的にしたリーダーとは異なり住民自身が地域の真の問題に気づくのを助け，自分達で解決する能力を増すための支援を行う役割を持った存在である。自分達で地域の問題に気づき，解決力を高めるプロセスを支援する「プロセス・コンサルタント」の立ち位置である。[1]

　とはいえ，地域力が減退する中で，地域福祉の課題全体をいきなり住民に丸投げすることは，「安上がりな行政の下請け化」であり，「行政責任の放棄」そのものである。ここで求められるのは，その地域の「御用聞き」を続ける中で，個別課題の背後にあるパターンや構造を整理し，地域課題として「見える化」させる。その上で，行政，社協・地域包括支援センター・ケアマネジャーなどの専門職，民生委員，近隣住民といった様々なアクターが「何ができるのか」の役割分担を行い，その解決に向けてチームプレーの総力戦を展開することが求められる。そして，包括や社協に求められるのは，そのチームプレーを展開する上での「プロセス・コンサルタント」であり，役割分担に基づくチームプ

レーを展開する「ファシリテーター役割」なのである。

　地域包括ケアシステムを「創る」主体は，多くの自治体において，現状では行政や支援者になっている。地域住民は，専門職からの「頼まれごと」に関わっている，という意識を持っている人も少なくない。この構図は，リーダーとフォロワーの関係性である。だが，地域包括ケアシステムを持続可能なものにするためには，行政・専門職リーダーに依存的なフォロワー地域住民という関係性こそ，変える必要がある。

　「御用聞き」を通じて住民の声に基づく政策形成過程を進めるためには，まず行政や地域包括支援センター，社協が，自分たちの事業を通じてのみ住民の意見を聞く，という姿勢を改める必要がある。その上で，地域住民が主体的に自分たちの地域の未来を考え，安心して暮らせる地域づくりを行政や包括，社協と協働して取り組めるような，ファシリテーター役割が，専門職側には求められる。そのファシリテーターの存在によって，初めて住民が地域包括ケアシステムを「創る」主体へと変容できるのである。

注
(1) プロセス・コンサルタントについて詳しくは，シャイン，E.H.／金井壽宏監修／金井真弓訳（2009）『人を助けるとはどういうことか』英治出版，を参照。

第2章
ボトムアップ型の地域包括ケアシステムの創り方

第1節　ボトムアップ型の地域包括ケアシステムとは

　地域包括ケアシステムとは何なのか。また，その構築のためには何が必要なのか。厚生労働省から示されたものを見ても確たるものをつかめず暗中模索の中，地域包括ケアシステムを構築する中核機関である地域包括支援センターで働く職員等に集まってもらい，現場の現状や課題を整理するところから始めたのが，2011（平成23）年9月に山梨県（山梨県の概要は資料2-1）で立ち上げた「地域包括ケア推進研究会」（以下，研究会）である。この研究会で出された現場の率直な意見の一例を紹介する。

- ・支援困難事例に追われる毎日である。
- ・個別ケースの検討はできても地域課題に引き上げることができていない。
- ・地域ケア会議の目的が不明確で目指したいイメージが持てない。
- ・地域包括ケアシステムの構築や地域ケア会議を実施するための庁内や医療等関係者，社会福祉協議会等との連携体制が不十分である。

資料2-1　山梨県の概要（2014年4月1日現在）

人口：857,423人／高齢者人口：227,911人／高齢化率：26.6％
在宅一人暮らし高齢者数：45,337人
高齢者夫婦世帯数：36,012世帯
要介護・要支援認定率：16.0％（2014年3月末現在）
市町村数：27市町村
地域包括支援センター数：35か所（内訳：1市のみ委託型で9か所設置，残り26市町村は直営型）
＊地域包括支援センターを直営で設置している市町村がほとんどである。

・わがまちの地域包括ケア（ビジョン）を語ることができない。

地域包括支援センターの業務実績報告からも，個別ケースの課題解決を目指した検討会等は比較的実施されているが，そのことに追われている現状と，地域課題の把握や個別課題を地域課題に変換し，政策提言につなげる等のしくみ，また，地域課題を住民と共に考えるしくみが不十分であることが整理された。支援困難事例に追われる事後対応の構造が，「たたいてもたたいても顔を出す"モグラたたき"」とか「起きた火事を消してもまた次の火事が起こる」等に例えられたが，表面化した個別ケースの解決を図っているだけでは，地域包括ケアの実現にはたどり着けないということが共通の認識であった。

ボトムアップ型の必要性

研究会において，個別ケースの解決に追われ地域課題としての整理や事前予防型の対応ができない，わがまちの地域包括ケアが語れない等を打破するためにはどうしたらよいのかを議論する中で出されたポイントが，ボトムアップ型の地域包括ケアシステムの構築であった。

まず，地域包括ケアシステムの構築を目指すのに，「ボトムアップ」がなぜ必要か，という議論が交わされた。なぜ必要か，という問いの答えは，前章で明記されている地域包括ケアシステムは「誰のため」に必要なのかにつながる。地域包括ケアシステムは，支援や見守りが必要な人だけでなく，地域住民全体のために必要であり，その推進において，最も重要視すべきは「本人中心」と「住民主体」である。であるならば，個人や地域の困りごとや想い等ニーズが，政策に汲み上げられること，個人や地域の意見を出し合い物ごとを決めて広めていく，下から上へと向かうしくみが必要不可欠である。

なお，ボトムアップだからと言って，地域包括ケアシステムを構築する責務を担う自治体が受身であってはいけない。自治体には，目指したいまちづくりのビジョンとその達成に向けた目標を掲げ明示する旗振り役が求められている。そのために自治体は，積極的に地域へ出向き，地域の声を聴取すること等に努め，個人や地域の実情やニーズを把握する必要がある。まさに，前章に掲げた

「御用聞き」的な姿勢が重要である。

ボトムアップ型のしくみと地域ケア会議

　ボトムアップ型のしくみと合致するのが，地域ケア会議の持つ機能である。地域ケア会議には，地域包括ケアの推進における連携や協働の場として，地域住民や各種専門職，行政関係者等と共に，個別課題の解決のみを目的とすることなく，地域の課題を把握し，課題解決に向けた関係機関の連絡調整・役割分担や必要な地域づくり・資源開発を行い，政策形成につなげることが求められている。

　この地域ケア会議の機能を，「住民の気づきや発見，個別の課題を地域課題に変換し，政策形成につなげ，わがまちのビジョンを実現するボトムアップ型のしくみ」としてイメージし，図2-1に示した。

　下から上に積み上げるイメージを大切に，ピラミッド型のイメージ図とした。地域ケア会議の持つ機能を重視しながら，ボトムアップにより，わがまちのビジョンを実現するために，各圏域の設定により実施する地域ケア会議と地域ケア会議間，他の会議等との関係性を示している。また，各会議等の設置目的や機能等については，次のようにまとめた。

会議の設置目的と機能

　ピラミッドの基盤には，「最も身近なエリアにおける問題解決組織」を位置づけた。暮らしに近い圏域の中で，地域住民が自分たちのまちの課題等を共有し，その解決策について主体的に話し合う場として設置，「連携・調整」「問題の発見・気づき」「ふれあい」「交流（信頼関係づくり）」「学び合い・共に考える」「問題解決に向けた取り組み」等が協議の場の役割・機能となる。住民は，地域包括ケアシステムの構築を担うプレイヤーであるという認識を，まず自治体が持つことが重要であり，住民同士によるふれあいや学び合い等を大切にしながら，住民の中で解決できることはしていくことの啓発やその力を支援することに，社会福祉協議会等との連携により取り組む必要がある。

第Ⅰ部 地域包括ケアシステムを創る

図2-1 住民の気づきや発見，個別の課題を地域課題に変換し，政策形成につなげ，わがまちのビジョンを実現するボトムアップ型のしくみ

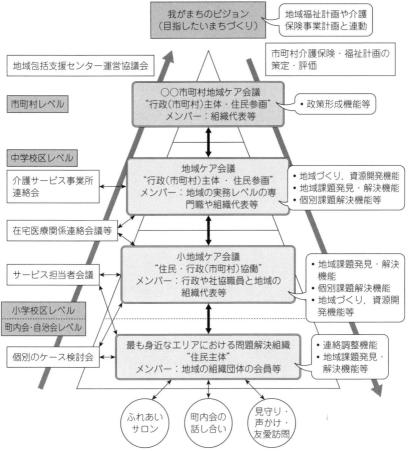

出所：山梨県福祉保健部長寿社会課・地域包括ケア推進研究会（2013）「地域ケア会議等推進のための手引き～市町村・地域包括支援センターの視点から～」9頁。

その上には，小学校区・旧村エリアにおいて地域住民と行政との合同で行う「小地域ケア会議」を位置づけた。地域課題の把握やその問題解決について，住民福祉関係者と保健・医療・福祉行政の専門職等が協働して確認や学習を行う場，住民だけでは解決できない困難ケースについて早期に専門職に相談し対

応する場,地区社協や各種団体が行う小地域福祉活動についての情報共有や活動上の問題・課題への助言・アドバイスを行う場として設置,「地域の現状把握」「地域課題の共有」「関係機関の相互理解,ネットワーク」「困難ケースの早期発見,検討」「必要な学習場面の企画」等が協議の場の役割・機能となる。

そして,その上層に,中学校区・旧市町村単位における「地域ケア会議」を位置づけた。専門職や地域関係者が協働して,介護保険や介護予防等の各種サービス・活動の他,地域における多様なフォーマル,インフォーマルな社会資源の総合調整をしていくための連携・実践を協議する場として,また地域包括ケアシステムの構築に向けた問題解決を図るために個別課題を地域課題に変換していく場として設置,「地域における様々なサービスの総合調整」「地域や個別の問題集約・情報共有・福祉組織化・個別ケアのネットワーク」「社会資源開発(地域課題検討・資源開発協議・提言)」「困難事例の検討・解決指導・助言」「各従事者へのスキル,ノウハウの助言・指導」等が協議の場の役割・機能となる。

最上層には,市町村全域・自治体が設定する保健福祉圏域における「市町村地域ケア会議」を位置づけた。地域福祉の視点から,地域ケア会議における情報を基に,フォーマル・インフォーマルな社会資源の整理・確認・見直し・評価を行う場,市町村行政等関係機関に対し,必要な制度改善の提案・要望等,施策・制度づくりに向けたソーシャルアクションを行う場として設置,「施策・制度の分析・評価」「施策,制度の改正・開発協議・提案」「まちづくりに向けたビジョン・方針策定」等が協議の場の役割・機能となる。

各会議の機能を重視し,上層の会議へと課題等をていねいに積み上げていくことにより,わがまちのビジョンの実現につながるものと考える。

また,各会議体同志は双方向に関係し合うこと,各会議体には連動や協働,または統合が必要とされる個別のケース検討会やサービス担当者会議,在宅医療関係の連絡会議,介護サービス事業連絡会,地域包括支援センター運営協議会や市町村介護保険・福祉計画の策定・評価関係会議等があり,それら会議とも双方向の矢印でつないでいる。各会議間における情報提供や問題提起,施策

提言，また会議内容の報告や協力依頼等のフィードバック等，双方向の循環が重要である。

　各自治体は，地域の実情（地域資源等）に応じて，生活圏域の設定や会議の機能等，有機的な相互関連が実現できるように，地域ケア会議やその他の会議等を組み合わせた体制の構築を目指す必要がある。たとえば，基盤に個別の地域ケア会議を位置づけ，地域主体の協議の場はその周囲に位置づいてもよいし，市町村の規模等によっては小学校区と中学校区というエリアを分けずに行うことが地域の実情に合っている場合もある。

住民の声を地域包括ケアにつなげる

　山梨県では，2011（平成23）年度に，広く県民を対象として，これからの生活支援を担う人材の育成を目的とした講座を開催した。予想を上回る受講者が集まり，コミュニティカフェ等の立ち上げにつなげることができた事業となった。複数の講座の参加者より，「家に引きこもってしまっている高齢者のことが気になり，高齢者が気軽に集える場を作りたいとずっと思っていた。しかし，今まで地域の困りごとや自分の想いを伝える場がなかったし，自分の想いを実現するためにどうしたらいいのかもわからなかった」というような声を聞き，地域ケア会議の推進を検討しはじめた矢先でもあり，地域ケア会議という場の必要性を痛感させられた。地域には，地域の困りごとに気づき，自分たちで何とかしようとしている住民がいることを心強く感じた。このような住民の想いを地域包括ケアシステムの構築につなげていかなければいけない。そのために，行政や専門職等支援者は住民一人ひとりの想いや力，地域としての想いや力を引き出すことに力点を置くべきである。

　地域における気づきや困りごとが，個人の問題にとどまることなく，みんなの困りごととして共有され，地域課題として協議されることにより，政策形成へとつながるしくみがボトムアップ型の地域包括ケアシステムである。そして，このシステムを動かすためには，気づきや困りごとを拾い上げたり，課題を掘り下げて考え合ったり，課題の統合や共有化等ができる場が，公な会議体とし

て必要であり、それが地域ケア会議であると考える。

次節ではその地域ケア会議を実践するにあたって必要な要素について説明していく。

第2節　効果的な地域ケア会議の実践に必要な7つの要素

前節ではボトムアップ型の地域包括ケアシステムを構築するためには地域ケア会議が大切であることを述べた。本節ではその地域ケア会議の実践に必要な要素について述べる。

アドバイザー派遣等を通して、地域ケア会議に取り組む中で、現場が抱えている課題は、大きく分けて、「地域ケア会議への医療や多職種の参画」「自立支援に資するケアマネジメント支援」「住民主体の地域づくりへの展開」の3つの視点から分析できることが見えてきた。具体的な声としては、「個別や地域課題を解決するために有効な、医療や福祉等関係者の参画や連携が不十分である」「介護支援専門員による自立支援型のケアマネジメントへの支援が必要である」「必要性を感じているがうまく住民の力を引き出せていない、住民と共に地域を考えるしくみができていない」等であった。そこで、2013（平成25）年度の地域包括ケア推進研究会（以下、研究会）では、この課題解決のための議論を、市町村及び地域包括支援センター職員に限らず、社会福祉協議会職員の他に、介護支援専門員（以下、ケアマネジャー）、訪問看護師、作業療法士、医療ソーシャルワーカーをメンバーに加え多職種で行うこととした。議論のプロセスの中で、本当に地域を変えていこうとするならば、または現状を変えていこうとするならば、まずは、地域包括ケアに携わる一人ひとりが、行政や専門職等の立場を超えて、自分事として課題に向き合い、何をすべきかを見つめ直す必要があることに気づいた。この変容課題の自覚化等を含めて、効果的な地域ケア会議を実践するために必要なことを7つの要素（押さえておきたい基本的な内容や条件等）として明確化した。

第Ⅰ部　地域包括ケアシステムを創る

「7つの要素」とは

　この7つの要素は，効果的な地域ケア会議を実践するために必要なことについて，研究会メンバーの自らの経験や考えの言語化と研究会における議論内容を集約しカテゴリー化することにより生み出されたものであり，次の①～⑦の通りまとめられた。

　① 個人や地域の実態・特性の理解
　② 自己・他者・地域の変容課題の自覚化
　③ 地域ビジョン（目指す姿）の理解と共有
　④ 地域ケア会議の目的・機能の理解と共有
　⑤ 地域ケア会議の運営の工夫・配慮
　⑥ 地域ケア会議の実践の評価と継続
　⑦ 個人や地域を理解・支援するための専門性の研鑽

　地域ケア会議の実践には，この要素のそれぞれが必要であるとともに，それぞれの要素は連動し合っていること，さらに，要素の関連性を押さえながら取り組むことが，効果的な実践には欠かせないと考えた。7つの要素を構造化したものが図2-2であるが，個人や地域の実態・特性を理解し，自己・他者・地域の変容課題の自覚化を繰り返すことを大切に，地域ケア会議の目的の共有や実践に取り組む必要がある。

　図2-2の全体像を説明すると，大樹が根を張る土壌部分に，実践のための土台と考える要素「①個人や地域の実態・特性の理解」と「②自己・他者・地域の変容課題の自覚化」を位置づけた。個人や地域を理解すること，また，そのプロセスを踏む中で，自己や他者，地域を見つめ直し（内省），その内容を話し合い，フィードバックすること（対話）によって，お互いの理解と信頼関係が構築され，地域包括ケアの実現につながる豊かな土壌ができることを大切に考え，「内省・対話」というラベルを付けた。「内省・対話」の土壌に立つ大樹の幹の部分には，実践のための戦略と考える要素「③地域ビジョン（目指す姿）の理解と共有」と「④地域ケア会議の目的・機能の理解と共有」を位置づけ，「課題・目的・目標の明確化」というラベルを付けた。幹から伸びる枝・

第 2 章　ボトムアップ型の地域包括ケアシステムの創り方

図 2-2　効果的な地域ケア会議の実践に必要な 7 つの要素

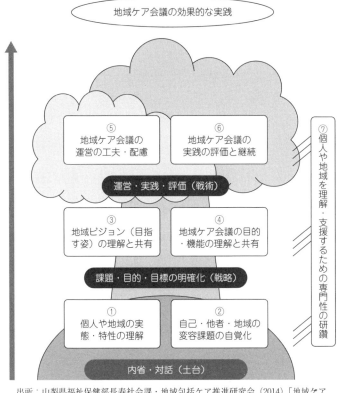

出所：山梨県福祉保健部長寿社会課・地域包括ケア推進研究会（2014）「地域ケア会議等推進のための手引き（Part 2）～住民主体の地域包括ケアを多職種で効果的に実践するために～」6 頁。

葉の部分には，実践のための戦術と考える要素「⑤地域ケア会議の運営の工夫・配慮」と「⑥地域ケア会議の実践の評価と継続」を位置づけ，「運営・実践・評価」というラベルを付けた。そして，どの部分（段階）にも影響する要素として「⑦個人や地域を理解・支援するための専門性の研鑽」について，大樹に注いでいる日光をイメージして加えている。

地域ケア会議に取り組もうとする時，運営等方法論（枝・葉の部分）が先行してしまい取り組みの土台となる個人や地域の主体（土壌の部分）がない中で，

地域ケア会議の目的等（幹の部分）が議論されがちだが，対象の理解や変容課題の自覚化があるからこそ，主体的に地域ビジョンを語り合うことができ，地域ビジョンを達成するための地域ケア会議で目指すものが明らかになると考える。その上に，地域の実情に応じた運営の工夫や実践の積み重ねがあることで，地域ケア会議が充実し，地域包括ケアの実現に近づくことができるのである。

　要素を構造化した図 2-2 については，実践のプロセスにおいて，どの部分につまずいているのか，どこまでの実践ができているのか，プロセスの中身を評価するための指標としても活用できると考える。以下，要素①〜⑦の意味するところについて，研究会で話された内容を加えながら説明していく。

要素①　個人や地域の実態・特性の理解

　地域ケア会議は地域で生活する個人や，地域全体のための取り組みであり，地域住民が主体性をもって参画できるものでなければならない。そのためには，まず，個人や地域としてどうありたいか等の想いや主体性を支援の中心とする中で，過去から現在に至る個人や地域の歴史，そこで起きてきた（いる）こと，生活ニーズ等をしっかり知るところから始める必要がある。そして，個人や地域から得られた情報や課題等を専門的な視点を加えて整理した上で，共にその地域に住む者として住民や多職種等関係者が，課題の認識を深め共有していく必要がある。このプロセスにおいては，個人や地域の強みや自立を信じる姿勢，信頼関係の構築を図ることも大切にしたいポイントである。押さえておきたい基本情報としては，地域の人口動態，高齢者数や高齢化率，高齢者の医療や介護の様子，地形や産業，歴史等があり，これら内容を地域全体で，または地区毎に把握しておけるとよい。

　具体的には，「個人や地域として"どうありたいか""どうしたいか"等想いに気づき，表出や共有できることを支援する」「支援者側が考える課題やテーマの把握ではなく，地域に住む人たちが考えていること，暮らし方，悩み等を聴き取る」「"ないもの探し"より"あるものを活かす"ことを大切にする」等が必要であると話された。

要素②　自己・他者・地域の変容課題の自覚化

　地域包括ケアの実現を目指す地域ケア会議を実践するためには，庁内の体制づくり，住民や多職種等関係者との協働等が不可欠であるとともに，大きな課題でもある。このような課題を解決するための出発点は，関係する一人ひとりがまず自己を知り，他者や地域を知ることである。自己や他者，地域の考えや経験等を見つめ直す内省を自ら行う（働きかける）ことで，自己の弱点や壁を乗り越え，相手への理解を深めることができ，連携や地域ケア会議への参画が自分事と成り得る。住民や多職種等関係者と対話すること（話し合いやフィードバックする等）がより質の高い内省を導くこととなる。

　具体的には，「自分にできることは何か，できないことは何か，自分は何が得意で何が苦手なのかを振り返り，自覚する」「自分の中の壁を取り払うことにより，住民や多職種等関係者との関係性がスタートする」「今起こっている問題は自分にも起こるかもしれないという認識を持つ」等が必要であると話された。

要素③　地域ビジョン（目指す姿）の理解と共有

　どのような地域ケア会議が必要かを見極めるためには，前述した要素「①個人や地域の実態・特性の理解」で示した情報や課題を，要素「②自己・他者・地域の変容課題の自覚化」で示した自分事としての自覚化に基づき，"自分の住んでいる地域がどうあったらよいか" "そのために自分だったら何ができるか"等地域ビジョン（目指す姿）を住民や多職種等関係者との十分な議論により描き，共有し合うことが重要になる。この地域ビジョン（目指す姿）が，地域包括ケアの実現に向けたそれぞれの市町村等における地域づくりの構想につながるものであり，高齢者保健福祉計画，介護保険事業計画や地域福祉計画等で示されている（示されていく）必要がある。

　具体的には，「自分の住んでいる地域がどうあったらよいのか話し合う，確認し合う」「"自分たちの組織は何をすべきか，そのために何を目的としてどう動くべきか"職員全体が共通認識を持つことが必要である。上司を含めた学習

会を行う」「イメージしたこと，想いを共有，夢を語り合う」等が必要であると話された。

要素④　地域ケア会議の目的・機能の理解と共有

それぞれの市町村等における地域ビジョン（目指す姿）の理解と共有の上に，そこに至るための地域ケア会議について，法的な根拠の確認や既存の会議等の活用も考えながら，必要な機能等を明確にした地域ケア会議のあり方を共有し合うことが必要である。地域ケア会議とは何か，その目的や機能，全体像等の基本的な理解をしておく必要がある。

具体的には，「地域ケア会議の位置づけ，取り組みの現状や課題を理解する」「既存・類似する会議の機能等の確認や整理をする」「地域ケア会議の概念と目的について担当者が十分理解した上で，関係者とも共有する」「市町村等主催者は，地域ケア会議の概念や目的を地域に情報発信し，理解の浸透を図る」等が必要であると話された。

要素⑤　地域ケア会議の運営の工夫・配慮

地域ケア会議の開催にあたっては，会議の目的や開催方法，名称の工夫等について十分な検討を行った上で，会議に参加する関係者へのていねいな周知により理解を得ておく必要がある。また，会議の場における配慮として，参加者が自発的に発言できる場づくりやプライバシーの遵守等を行う必要がある。

具体的には，「開催目的を明確にする」「参加者の選定や共通課題の設定，参加者に添った資料作成（住民の声の反映や数値等見える化等），会議進行のルールづくり等，開催方法を検討する」「地域ケア会議という名称や枠に惑わされがち，会議の必要性や目的，機能が明確であればよく，地域ケア会議と言わない方が理解が得られやすいかもしれない」「進行役（ファシリテーション）には，会議の目的を常に意識すること，参加者の属性や立場を踏まえること，参加者の発言内容をくみ取る努力とキャッチできる力を養うこと，参加者が応えやすい問いかけを行うこと等が求められる」「会議において参加者の意見への批判

はしない」等が必要であると話された。

要素⑥　地域ケア会議の実践の評価と継続

　地域包括ケアを実現していくための取り組みとして，地域ケア会議の実践の評価と，評価に基づく継続性が欠かせない。取り組みを続けながら，そのプロセスを振り返ること，住民や多職種等との主体的な連携を評価し協働の形を模索しながら成功体験を積み上げていくこと，成功体験を多くの関係者と共有できること等が重要である。

　具体的には，「取り組みの振り返りを必ず行い次のステップとする」「地域の関係者と顔見知りの関係性が築けているか，地域のネットワーク体制は十分か等評価する」「取り組みのプロセスやわかったこと，発見したこと，課題等内容をまとめて，地域住民等関係者にフィードバックする」「会議における自分の発言が，支援や取り組みに活かされた体験を持つ」「実践における成果等の普及を研修会の開催等により積極的に行う」等が必要であると話された。

要素⑦　個人や地域を理解・支援するための専門性の研鑽

　個人や地域の理解から始まり，地域のビジョン（目指す姿）や地域ケア会議の目的の理解や共有，会議の運営や実践の評価等いずれにおいても，関わる専門職の専門性に基づくアセスメントやコーディネート，予後予測力等が地域ケア会議の質の担保等のためには欠かせない。特に，関わりのプロセスにおいて，専門職としての自己の考えや経験を内省し続けることにより専門性の研鑽をしていくことが重要である。地域ケア会議の実践そのものが，専門職のスキルアップにつながるものである。

　具体的には，「現場（対象）に対するアウトリーチ体制の構築，コミュニケーション力，その上にファシリテーション力をつける」「個人や地域の自立支援のためのアセスメント力をつける」「見えていないもの，声になっていない住民ニーズや想いを把握・発信することができる」「経験から教訓を得る」等が必要であると話された。

「7つの要素」の実働

後で紹介する自治体の取り組みにもあるように，関係部署の職員を参集し，地域のデータを持ち寄り，KJ法を用いての意見交換等，「内省・対話」をていねいに繰り返しながら，「課題・目的・目標の明確化」に1年間かけて取り組んだことが，住民の主体的な参画による地域ケア会議の実践につながっている事例や，地域に出て地域の想いを聴く取り組みから自治体や専門職の変容課題を自覚化した（内省・対話）ことにより，地域づくりにつながる地域ケア会議のあり方（戦術）を見出すことができた事例，また介護保険制度におけるキーパーソンであるケアマネジャーの実践力を高めるために支援困難事例の検討による「内省・対話」を繰り返しながら，「個人や地域を理解・支援するための専門性の研鑽」につながる地域ケア会議を積み上げてきた事例等，地域の実情に応じた「7つの要素」の実働が，地域ケア会議の充実につながってきている。

次節では，この地域ケア会議における県と市町村との協働について説明していく。

第3節　県と市町村との協働による推進

地域ケア会議については，地域包括ケアシステムが政策概念として位置づけられるようになってから，その構築のための手法として改めてクローズアップされることになった。そして，これまで厚生労働省通知に明示されてきた地域ケア会議の推進が，2015（平成27）年4月からは法定化され，介護保険法により市町村が行うべき地域支援事業に位置づけられる。

法制化に至るまでの約4年間，地域包括ケアの実現に資する地域ケア会議の推進を目指して，山梨県が市町村との協働により実践してきた「地域包括ケア推進研究会」（以下，研究会）と「市町村へのアドバイザー派遣」を中心とした事業内容や成果等について紹介しながら，県の立場で担えた役割についても示していきたい。

第2章　ボトムアップ型の地域包括ケアシステムの創り方

研究会の立ち上げ

　地域ケア会議の推進を含めて山梨県の地域包括ケアシステムの構築について，県が検討を始めたのが第5期介護保険事業支援計画の策定に着手した2010（平成22）年度であったが，当初は，県がどのような方向性で推進の旗振りをしていくことが妥当であるかわからないというのが正直なところであった。そこでまず，実施主体である市町村及び地域包括支援センターから，現状や課題，考え等を聴く中で，県の進むべき方向性を考え合うことを目的に始めたのが，2011（平成23）年9月に始動した研究会である。できるだけ現場の意見や思いを参加者が自由に交わせる場づくりを大切にしようと考え，あえて形式的な委員会等にはせず，自分たちのための研究組織というスタンスの会とした。ただし，議論の内容を県の施策等に位置づけて推進していくことを目指していたので，議論の焦点化やコーディネートを行う人材として，山梨学院大学の竹端寛氏（本書の編者）を研究会のメンバーに迎えた。

　2011（平成23）年度の研究会では，地域ケア会議を推進するための課題を明確化し，推進するためのポイントを導くことを目標に，各圏域の市町村及び地域包括支援センターの代表者と保健福祉事務所等県関係者をメンバーとして，じっくりと（そしてかなり賑やかに）議論を重ねた。地域ケア会議の概念や具体像が曖昧で様々という状況の中，論点としては，「地域ケア会議の目的は何で，どうして必要なのか」「どうして個別ケースの課題を地域課題に変換できないのか」「当事者ベースではなく，どうして事業ベースになってしまうのか」等であった。この，「なぜ？　どうして？」の在処を理解するために，介護保険法による市町村や地域包括支援センターの責務，埼玉県和光市や岡山県総社市の先進的な取り組み等の学習，「地域課題って何？」「地域課題を把握する必要性は？」等，自分たちが納得できるところまで掘り下げた議論をコーディネーターの元に重ねた。初年度の研究会（年4回開催）では，地域ケア会議は住民が主体的に参画し官民協働で幸せな地域を創り上げていくための手法であり，地域包括ケアシステムの中核を担うものであること等について，確認と理解をし合うことができた。また地域ケア会議を実践する上でのポイントとして，目

的（ビジョン）の共有，地域課題に住民が気づくプロセスの重視，地域課題は市町村等職員が現場に出て把握すること，社会福祉協議会等関係部署との役割分担の必要性等を整理することができた。

そして，2012（平成24）年度の研究会（年3回開催）では，前年の議論を踏まえて，県及び市町村社会福祉協議会の代表者にメンバーに加わってもらい，社会福祉法も確認しながら，社会福祉協議会による地域福祉の推進が十分でないと言われる原因や市町村と社会福祉協議会との関係性を踏まえた上での協働のあり方等，地域ケア会議を実践するためのポイントについて議論を深めた。

引き続き2013（平成25）年度の研究会（年3回開催）では，これから必要不可欠とされる医療と介護職との連携による実践について，地域で活躍しているケアマネジャー，訪問看護師，医療ソーシャルワーカー，作業療法士等にメンバーに加わってもらい，住民主体の地域ケア会議を多職種で効果的に実践していくための議論を交わした。地域ケア会議に自分または自分の組織が主体的にかかわる為に必要なことの言語化を自己の行動や体験の振り返りと考察により行うことができた。

研究会のプロセスにおいて，最も大切にしてきたことは，「誰のために」「何のために」をキーワードに，当事者や住民を常に中心に置いて考えてきたことと，コーディネーター等の支援をもらいながら，メンバー一人ひとりの発言（体験や直感等）を言語化し，文字化すること，文字化した資料は次のステップで提示し議論を積み上げていくことである。

研究会の成果と県が担えたこと

研究会に対して，市町村等からは，「研究会の場をつくってくれたこと自体に感謝」「今後の地域ケア会議の進むべき方向性が明らかとなった」「自己や他者の理解のもと，多職種協働の意味を確認できた」等の意見がでた。

社会情勢や施策等が大きく変わろうという時や課題が多大で複雑な時には，個人の努力や担当部署だけの考えでは方向性を導き出せないことがあると思う。まさに地域包括ケアシステムの推進の方向性が描けなかった当時に，研究会と

いう言わば研究組織を立ち上げ，市町村や地域包括支援センター，社会福祉協議会や医療・介護分野で働く多職種等と，現状の振り返りや課題について，それぞれの体験や考えを開示し，話し合うという対話をていねいに行ったことにより，人口や面積，社会資源等の相違を超えて県として共有できる地域ケア会議のコンセプト等を生み出すことができた。そして，みんなで生み出したコンセプト等を推進の糧として，研修会の開催や推進のための手引きの作成等にアウトプットすることができた。手引きの作成等はじめ，地域ケア会議の実施主体である市町村と共に歩めたことこそが推進の糧とも言える。また，市町村間や多職種との学び合いの場ともなり，お互いの理解を深め合うこともできた。メンバー各個人が，研究会のプロセスを通して自分や自分の所属する組織や職種への認識を深めたことにより，エンパワメントされた場でもあったと思う。自分の組織における取り組みに困難を感じていたメンバーが，自分の推進への思いを組織の仲間と話し合うことができ突破口が開けた等，自分や組織の活動に生かすことができていることを多くのメンバーが実感として報告してくれた。十分な対話ができる場づくりを提案しコーディネートする役割を，県が担えたといえ，その場からビジョンや解決策を導く多くの示唆を得ることができた。

市町村へのアドバイザー派遣

　研究会と平行して，2012（平成24）年度からは県内各市町村等における地域ケア会議を推進するため，市町村等へのアドバイザー派遣をスタートさせた。初年度の研究会で地域ケア会議の概念の整理ができ，わがまち独自（山梨独自）の地域ケア会議を創造することの必要性を確認し合うこともできた。次のステップとして，地域ケア会議の実践を支援するために選んだ手段がアドバイザー派遣であり，その効果的な展開については岡山県社会福祉協議会における実践を支援してきた美作大学の小坂田稔先生より，市町村の実践に寄り添ったプロセス支援が重要であること，また広域的に展開するためには支援する側のチームづくりも必要であること等を学び，竹端寛にも相談する中で市町村等の実践を支援する体制として，まずアドバイザーのチームをつくることを目指した。

障害者・高齢者政策や福祉社会学を専門とする竹端寛の他に，山梨県立大学で高齢者介護を専門とする伊藤健次と同学で地域看護を専門とする望月宗一郎（ともに本書編著者），同学で老年看護を専門とする小山尚美氏の3名にアドバイザーを依頼し，各専門分野等を持つ4名のアドバイザーによる支援チームをつくることができた。単に，アドバイザーを4名の研究者にお願いしている，ということではなく，県の事業担当者も入りながら，各個人ではなく県の地域ケア会議の推進を図るチームとして，支援する立場での課題や方向性について検討と共有をし合いながらチームとしての機能を活かし進めている。

具体的には，アドバイザー派遣は市町村等からの希望により実施しているが，年度ごとに派遣の体制づくりをアドバイザーと共に検討する中で，チームとしての総意のもとに進めている。市町村等の実情や課題によっては，複数のアドバイザーによる関わりや課題の変化等に応じたアドバイザーの変更等もチームならではの強みとして行っている。さらに，アドバイザーからの主体的な申し出により，支援を展開する中での迷い等の共有，他のアドバイザーの支援の場を見学する等，支援内容を開示し合い，支援の質の向上に向けてお互いが研鑽し合っている。また4名のアドバイザーは研究会にもメンバーとして参画し，実践の評価等を他の市町村等メンバーと共に行い，現場での支援にフィードバックしている。県の組織体制として，4圏域にある保健福祉事務所の介護部門を中心に，高齢者福祉に関する広域的な市町村支援を行ってきているが，2013（平成25）年度からは，保健福祉事務所の担当者にも派遣体制づくり等の検討の場に参画してもらい，課題や情報を共有し合いながら，県の事業担当者同様に，アドバイザー派遣への積極的な同行等による現場の共有に努め，支援の強化を図っている。

アドバイザー派遣1年目は6市町村を支援，2年目には新規活用の5市町村を含む11市町村等を支援，3年目には新規活用の4市町村を含む13市町村等への支援を展開し，これまでにトータルで17市町村等に延べ100回を超える派遣を行ってきた。

第2章 ボトムアップ型の地域包括ケアシステムの創り方

アドバイザー派遣の成果と県が担えたこと

アドバイザーによる支援内容としては，地域ケア会議に専門職の視点を加えて適切なケアマネジメントに導くことや会議のコーディネート力を高めるという技術的なことも含まれるが，それ以上に，地域の実情や推進上のつまずきを市町村職員等と十分に議論し課題を明確化すること，庁内の関係部署や社会福祉協議会等と目指したいビジョンを共有化すること，個別支援の課題を地域課題に変換し政策形成につなげるために必要な課題整理等，ビジョンを達成するためのツールとしての地域ケア会議を位置づけ実践していくための総体的なアドバイスが多く，効果も大きかったと考えている。アドバイザー派遣について，市町村等から，次のような感想がきている。

「アドバイザーが，外から評論するのではなく，自分たち地域包括支援センターの中に入って苦悩を含めて受け止めてくれた上で，支援の視点に関する新しい気づき等を助言してくれた」「"市の実情に沿ったものを自分たちで考えること"を説き，市の現状や課題，目指す姿を市として話し合う方向に導いてもらった」「庁内の関係部署や社会福祉協議会等関係機関と地域包括ケアや地域ケア会議について共通認識を持つことに力添えをしてもらった。外部から助言をもらうことで，職員自身の意識の変化，行政の意識を大きく変える機会となった」「優先順位，緊急度等マトリックス的考えで現状を整理することができ，全体を捉える中で，地域ケア会議の展開を関係部署との役割分担で考えることができた」「地域に出ることを難しく考えていた気持ちを楽にし，実行に向けて背中を押してもらった。地域課題の把握には，地域に出向くことの重要性をアドバイスに基づく実践により学べた」「実践のプロセスに沿って，内容を整理し，次のステップを示唆してもらった。（既存の地域ケア会議の展開方法に悩んでいたが，アドバイザーを含めた意見交換により整理がつき，あり方を見つけ，開催に踏み出せた。うまくいかなかったことも次につなげるステップとしてとらえることができた。ファシリテーション等会場運営の見直し等の視点が得られた）」等，いずれの感想からも，アドバイザーが現場に寄り添った支援を展開してきたことがわかる。

アドバイザーは、現場で起きてきた（起きている）ことを大切に、現場に即した支援を現場に出向いてしてきた。また、市町村は、多様な地域特性や課題を抱える中で個別ケースの対応や施策を試行錯誤しながら展開しているため、目の前の事象に追われ、全体的かつ長期的な視野で考えるということができず、進むべき方向性が見えなくなってしまうことがある。各市町村等の実情に応じた成解を目指していくためには、現場に寄り添う（関連づける）中で、より高い視点から、広く、長期的な展望を持って本質に働きかけるアドバイスを、実践のプロセスの中で得られることが大切であり、このことがアドバイザー派遣の意義として大きかったと考える。併せて、その支援体制づくりは広域的な立場にある県だから担えたことであり、アドバイザーや県には、大局で物事を観た現場支援が求められている。

ここまでは、県としての取り組みや役割を述べてきた。次にこの取り組みの中で「県の担当者がどんな役割を担えていたか」ということについて、主にアドバイザー派遣で関わった市町村等職員からの声と、そのことに対する担当者自身の意識や行動を重ねて振り返りたい。

県担当者の役割①　内在的論理の理解

「会議や地域に出向く等、同じ場に参画し、現状や課題の共有を図ってもらえた」「現場の苦悩も理解、受け止めてもらった上でのアドバイスや調整がありがたかった」

実践の支援に、現場の理解は欠かせない。現場には、地域の実情や課題はもちろん、市町村等組織のあり様や担当者の想い等がある。地域や市町村、職員等現場の理解と共有による信頼関係や連帯感の深まりが、よりよい支援関係を育むと感じている。現場に直接出向くことも必要であるが、既存資料や電話、メール等による理解や共有、調整等を図ることも効果的である。アドバイザー派遣を活用してもらったいずれの市町村等からも、当初は、わがまちに合った地域ケア会議はどのようなもので、どのように展開したらよいかわからないと言う声を聴いた。しかし、その答えは各市町村等職員の内にあったと思ってい

る。その内にあるものが見えなくなっている現状や課題をひもとき，進むべき方向性を見出し，実行することを可能とするためには，現場に内在する論理の理解から始める必要がある。県にも市町村への御用聞きが求められている。

県担当者の役割②　広域的な情報提供と実践の共有

「アドバイザー派遣の場における，他市町村の状況や国の動向，先進地の取り組み等の情報提供が役に立った」「研修会の場を，取り組みの発表や共有の機会としてもらえたことがよかった，取り組みの振り返りや方向づけができた」

アドバイザー派遣にはできるだけ同行し，県内市町村等での取り組みを共有することにより，それぞれの市町村等に出向く際に，他市町村等の状況や取り組みの中から得たエッセンスを情報提供することに努めてきた。国の動向や先進地の取り組み等は，県内市町村等の実情と照らし合わせて必要な情報の収集や提供ができるようにすることが必要である。事業説明会や圏域単位での研修会を研究会やアドバイザー派遣と連動して行ってきたことで，地域ケア会議の概念の理解やアドバイザー派遣の積極的な活用，取り組みの定着等が図られ，地域ケア会議の全市町村での実施につながってきた。あわせて，実践例の積み上げは，支援者側が行う提供内容や提供方法のスキルアップに欠かせない。

県担当者の役割③　戦略と現場のつなぎ

「市町村の課題等を踏まえてアドバイザーの選定を考えてもらえた」「市町村の目的とアドバイザーのとらえ方の調整をしてもらえた」「アドバイザーと市町村とのパイプ役であった」

市町村等とアドバイザーのマッチングについてどうしているのかと問われることがある。もちろん市町村等の希望を聴きながらであるが，一番重要視してきたことは，市町村等が事業としてのアドバイザー派遣を希望してきた背景や課題の理解である。申込書の内容に課題等を明記してもらっているが，面接や電話等により確認させてもらう中で，より深い理解に努めることが大切である。

その上に，アドバイザーの専門性や特性，市町村等がどんなアプローチを好むか等加味して，市町村等とアドバイザーがともに課題解決や目的を目指せるイメージを描いてきた。アドバイザーを活用する市町村等自体のアセスメントに基づくマッチングが重要である。

また，アドバイザーには，目標を達成するために長期的視野や統合的な考えを持った専門性の発揮等いわゆる戦略が求められるが，この戦略が現場とかけ離れたものとなってしまい，自分たちの行動につながらないということが特にコミュニケーションが不足している関わりの初期には見られることがあった。市町村等の持つ課題や考えとアドバイザーの理解やアドバイスとの間に相違がないか，相違や不安を感じる時にはそのことを確認し合えるような投げかけ等をすることも大切な役割である。

県担当者の役割④　現場の身近な伴走者

「事前の打合せでの意見交換は，自分たちの考えを整理するのに役立った」「アドバイザー派遣の時以外でも悩みや困った時の相談に乗ってもらい取り組みを進められた。うまくいかない時，物事の総体的な考えやプロセスを重視することが次につながると気づかされた」「無理なく進められた」「今後の取り組みについて，方向づけや調整をしてもらった」

派遣に至る前の打ち合わせやアドバイザーとの協議を有効にスムーズに行うための事前準備等に対しアドバイスを行った。市町村等の実践経過やつまずき等については，いつでも傾聴するようにした。うまくいったことの報告は何よりうれしいことであるが，うまくいかないことも実践からの発見であるととらえ，前向きに共有し，必要に応じてアドバイザーに相談をする調整等を行った。会議等の中では次のステップが行動レベルでイメージできるようなアドバイスをアドバイザーに求めるとともに行うようにした。アドバイザーのような物事の捉え方や専門性，魅力的なパフォーマンス等はなくても，アドバイザー派遣の活用の提案から実践，その後のフォロー等全体の流れに伴奏し，俯瞰してみる中での支援は，県の立場だからこそできることである。

あえて言語化してみることにより，県として担えた役割について確認することができた。このことは，地方分権下にあって，広域的な支援等が求められている県の当たり前の役割の遂行であったということも改めて感じている。県の役割や，市町村と県の連携等が課題として問われることも多いが，研究会についても，アドバイザー派遣についても，各市町村等の実情に応じた効果的な地域ケア会議の推進を図ることを目的として，市町村等現場が抱える課題を共有し市町村等と考え合う中で，県としての広域的な事業の構築や展開を総合的にマネジメントできたことが，事業としての有効性を高め，成果を生み出せた要因であると考える。住民や他部門・多職種同様，市町村と県においても協働で進める姿勢や視点なくして，これからの施策の効果的な展開はないであろう。

第3章
事例から見るボトムアップ型地域包括ケアシステム

第1節　福祉総合相談体制構築と地域福祉計画作成の動的プロセス

南アルプス市の概況

　山梨県の西側，南アルプス山麓に位置する南アルプス市は，2003（平成15）年4月1日に6町村が合併してできた若い市である。山梨県の西部に位置し，南アルプス国立公園に属していて，日本第二の高峰である北岳を筆頭に3000m級の山がそびえている。2014（平成26）年6月にユネスコエコパークに登録され，自然と人が共生する地域を目指している。山岳観光や扇状地を活かした果樹，野菜栽培が盛んで，市内には工業団地があり製造業に従事する人が多いことも特徴である。冬は寒さが厳しく，夏は気温が高いという盆地特有の内陸性気候で，富士川で舟運が行われていた頃には，信州へ至る交通の要衝として栄えていた。そのため，今でも地場産業や伝統文化が息づいているのが特徴である。

　概要は資料3-1の通りである。山梨県は全国で最も要支援1の割合が低く，南アルプス市においてもほぼ同じ割合で要支援1の割合が低くなっている。その背景として，市民のがまん強さと，地縁による見守り体制が構築されていることが挙げられる。一方介護予防や認知症に関する意識や理解の周知がまだ充

資料3-1　南アルプス市の要（2014年）

人口：73,126人／世帯数：26,431世帯／高齢者数：16,490人／ 高齢化率：23.11％／18歳未満の人口：13,096人（2014年1月1日現在）／ 出生数：511人（2012年）／総面積：264.07平方km

分とはいえず，早期発見・予防へと結びつきにくくなっている。市として課題となっている点としては，経済困窮・認知症・介護力不足などの複合的な問題を抱えた事例や，虐待事例が増加していること，独居高齢者等の孤立化が進んでいることが挙げられる。

福祉総合相談課の設置の経過

本市の地域包括支援センター（以下，包括）は，直営方式を採用し，2006（平成18）年4月に開設した。直営方式を採用したのは，市は多様な専門職や事業者，住民などのインフォーマルな社会資源を統合した地域包括ケアシステムを構築する主体であり，市と包括の一体的な取り組みが必要との判断による。包括は高齢者に対しての総合相談支援機関であるが，「高齢の両親の年金を，精神疾患があり就労が困難な子が使ってしまい，生活維持のために必要な医療・介護サービスが受けられない」といった高齢者虐待に対応する際には，家族・養護者である精神疾患のある子への支援を行わなければならないといった複合的なケースも多く，ファミリーソーシャルワークが必要なケースが増加していた。過去には包括が対応を誤ったことで困難化したケースもあり，家族全体の支援の必要性，単独の機関の限界，専門職のネットワーク化の必要性が確認されていた。それと同時に市全体の相談支援のあり方の再検討や援助者の体系的なスキルアップに加え，権利擁護を重視したまちづくりをどのように目指すべきか，根本的に見直す必要性にも迫られていた。

包括は高齢者保護の視点が先行する傾向にあるが，高齢者虐待対応における養護者支援からは，虐待・生活困窮の世代間連鎖，家族・地域からの孤立，社会的排除など生きづらさを抱えた人たちの存在が見える。現行の法律や制度は「高齢者」「障害者」「子ども」といったカテゴリーで支援の対象者を限定しているため，はっきりとそのカテゴリーに区分されない人や既存制度の対象外や複合的な支援が必要な人の場合であっても，基本的に一つの機関ではそのうちの一部分しか対応できない。ゆえに根本的な解決に至らないことが多く，場合によってはたらい回しのような状態に陥り，制度・機関の狭間にこぼれおちて

しまうケースが多くあった。

　介護保険法第115条の45では地域包括支援センターは，「前条第一項第二号から第五号までに掲げる事業（以下「包括的支援事業」という。）その他厚生労働省令で定める事業を実施し，地域住民の心身の健康の保持及び生活の安定のために必要な援助を行うことにより，その保健医療の向上及び福祉の増進を包括的に支援することを目的とする施設とする」とある。総合相談業務は，幅広く地域住民のニーズをキャッチすることであり，制度の狭間にいる人をできるだけ早期にあらゆるネットワークを活用し吸い上げるしくみづくりの必要性を強く感じる。

　南アルプス市の地域包括ケアシステムは高齢者のみを対象にしたシステムではない。この前提での総合相談体制のしくみづくりを行うにあたって，まずは単独部署での対応の限界に関して，庁内職員での共通認識を形成する必要があった。そこで，「福祉総合相談体制の構築」と「権利擁護」を議論する庁内ワーキンググループを2009（平成21）年に立ち上げ，紆余曲折はあったが，最終的には包括の総合相談の機能を基盤に強化し，2012（平成24）年4月1日に保健福祉部内に5つ目の課として福祉総合相談課の設置に至った。相談支援に関する庁内体制の見直しは，福祉専門職だけでは到底成せるものではない。幅広い職員の理解はもちろん，首長の判断が必要だった。庁内ワーキンググループのコアメンバーたちとは，行政組織であっても破綻するという現実の前に，行政職員として，専門職として何ができるのか危機感を共有していた。「何かを変えたい」「既存の枠組みを超えたい」「閉塞感を打破したい」というコアメンバーの熱が周囲に伝染し，少しずつ周囲を動かし，組織改革につながったと考えている。

「相談」と「相談支援」の違い

　行政の相談は介護保険サービスや障害福祉サービス，生活保護といったように，対象別・制度別に主管課があり支給決定等を行ってきた。また，それらはあくまでも申請主義であり申請に対しての「相談」を行うことが中心で，基本

的な姿勢は「受身」である。制度やサービスはそれぞれ事業として整備されており，事業ベースで正しい支給決定をしていくということは行政の責務としては重要な点でもある。

　しかし，現代の地域福祉の課題となっている人にとっては，申請主義に基づく「相談」ではなく，「相談支援」が必要である。虐待や生活困窮に至っている原因が何かを共に整理し，問題を解決しようとする意欲を関わりの中で向上させ，解決に向けての具体的な手段をイメージできるように伴走的に支援していくことが「相談支援」である。この「相談支援」という文化が不足していたのが当時の南アルプス市の根本的な課題であった。行政には様々な申請窓口があり，地域住民の様々な生活課題をキャッチしやすい。しかし合併による行政組織の肥大化に伴うセクショナリズムの台頭や個人情報保護に関する過剰反応などにより，多くの職員は萎縮し，与えられた業務には忠実であっても，地域住民のニーズに丸ごと対応していくことが難しくなってしまった。相談支援が必要な人であっても，相談で終わってしまい，各セクションだけで抱え込む構造に陥りやすくなっていた。「行政職員のセクショナリズムの枠を壊す」「相談支援の文化を庁内に浸透させる」「ソーシャルワークの理念を浸透させる」「一歩踏み出す，一肌脱ぐ，お節介の文化を浸透させる」といった内容を福祉総合相談課のミッションと掲げ，現在も試行錯誤が続いている。

福祉総合相談課の実践から

　福祉総合相談課には本人，家族はもちろん多様な機関から相談が寄せられる。これまでばらばらに配置され，わかりづらかった相談窓口が一本化されたことにより，どこに相談に行ったらよいかわからなかったケースが掘り起こされ，福祉総合相談課につながるようになった。

　しかし様々な問題の初期段階で福祉総合相談課に相談に来るケースは少ない。「家がない」「お金が全くない」など生活に大きな支障が出ている段階や対象者が重症化した段階での相談が多く，ケースによっては，生活保護制度，成年後見制度，緊急一時保護，緊急入院といった事後救済・対処療法的な支援に頼ら

ざるを得ない。また緊急度が高いケースのリスクアセスメントや福祉総合相談課のスタッフ（保健師，社会福祉士，精神保健福祉士，主任介護支援専門員）だけでは対応困難なケースが目立つようになり，ケース解決には，弁護士，医師等あらゆる専門職とのネットワーク構築の重要性が再確認された。

　「地域包括ケアシステム」が機能するためには，自助・互助・共助・公助をバランスよく整備することが鍵と考えれば，福祉総合相談課は「公助」の機能そのものである。だが，その「公助」力にも限界がある。問題が極まった後に初めて関わる「事後救済」や「対処療法」に終始していると，「終わりなきもぐら叩き」をしているような状態であり，スタッフの疲弊度は極めて高くなる。この悪循環を解消するための「事前予防型への転換」は，「公助」力を持続可能なものにするための，福祉総合相談課の最重要目標といえる。

　福祉総合相談課のスタッフの疲弊感を解消し，「事前予防型」へ転換する。この２つを目指したケース検討会やケース分析を重ねる中で，緊急ではないが，重要度の高いケースへの対応が十分でないことがわかった。生死に関わり緊急介入が必要，という訳ではないが，放置しておけば同様な事態が再生産されるリスクが高く，地域づくりや地域支援への展開が求められる，という意味では重要度が高いケース。このようなケースは，増加し続ける虐待疑いのケースや既存の資源では対応困難なケースの増加に伴い，福祉総合相談課に滞留するようになった。

　この緊急ではないが，重要なケースについては，個別課題から地域課題を抽出する必要がある。だが，現実の福祉総合相談課は，虐待等の緊急対応だけで手一杯な状態で，既存の資源の改善や新しい資源の開発などの「地域づくり」「地域支援」を漏れなく網羅することは不可能であり，不適切に思えた。そこで本市では，社会福祉協議会（以下，社協）との協働を模索した。

　福祉総合相談課の開設以前の2010（平成22）年頃からコミュニティソーシャルワークの定期的な学習会の立ち上げやセミナー等の企画立案を合同で行うなど相互理解を深めていった。当時の市と社会福祉協議会の関係性は，日常生活自立支援事業や高齢福祉事業（配食等）の事業ベースのつながりであり，相互

理解を深めるきっかけや土台は何もない状態だった。事業ベースのため，委託する側，される側という関係性であり，発展性もなく，ビジョンの共有もなかった。地域包括ケアシステムの推進にあたっては，関係者間でのイメージ共有と役割分担が必要不可欠である。わがまちで今どんなことが起きているかを市と社協がお互い学びあう中で，響き合い，共感し合う基盤づくりを一歩ずつ進めた。

　その起爆剤が，具体的にはコミュニティソーシャルワークの学習会を発展させた地域ケア会議の開催である。在宅介護支援センターの時代には定期的に開催されていた地域ケア会議は，その後は不定期になり，特別養護老人ホームの優先入所の可否を検討する場が地域ケア会議という時期もあった。地域ケア会議運営マニュアル（長寿社会開発センター，2013年）によると地域ケア会議には，①個別課題解決機能，②地域包括支援ネットワーク構築機能，③地域課題発見機能，④地域づくり・資源開発機能，⑤政策形成機能という5つの機能がある。市と社協がどんな地域ケア会議がよいかを話し合う中で，本市では，住民福祉関係者，保健・医療・福祉など各種専門職，行政担当者による「地域課題の把握」や「その問題解決」について行う，住民主体の福祉のまちづくりに向けた会議を「地域ケア会議」と定義した。個別支援からの地域アプローチに強みを持つ福祉総合相談課と社協の協働は，②地域包括支援ネットワーク構築機能，③地域課題発見機能，④地域づくり・資源開発機能，において有効であり，試行錯誤をしながら少しずつ成功体験を重ねている。2013（平成25）年4月に社会福祉協議会が成年後見センターを開設したが，地域の権利擁護ニーズから資源開発を行ったことは，市や包括にとってとても心強いし，全面的にバックアップはしていきたいと考えている。

いきいきプランと地域福祉計画の策定に向けて

　2014（平成26）年度は新しい高齢者いきいきプランと第3次地域福祉計画[1]のスタートを翌年に控えた大事な1年であった。地域福祉計画については，2000（平成12）年6月の社会福祉事業法等の改正により，社会福祉法に新たに規定さ

れた事項であり，南アルプス市では2005（平成17）年度から第1次計画，2010（平成22）年度から第2次計画が進行中である。2013（平成25）年から本格的に動き出した第3次計画の策定は，自分たちで創り上げる＝手作りを意識し，まず福祉総合相談課を中心にした庁内推進体制を構築し，部内ワーキングを繰り返し，課題抽出を行った。部内ワーキングと歩調を合わせ，市民参画のもとに地域福祉を推進するために，市民，有識者，関係機関の代表等で構成される地域福祉計画策定委員会を立ち上げ，進捗管理，総合的な検討，計画案の了承等を行うこととした。出された課題は，テーマ別・課題別に整理し，4つの作業部会で課題の絞込み，活動の立案，目標の決定を検討することとし，現在活動の立案の段階へ進んでいる（2014（平成26）年7月現在）。

　この作業部会で特徴的なのは，それぞれ部会に地域住民が参加している点である。住民参加型の作業部会を通じ，計画策定のプロセスの中で，参加者自身が地域福祉を「他人事」から「自分事」として考えるようになり，計画策定後は地域福祉推進の担い手の中心となってもらうことを期待している。地域包括ケアシステムを構築していく上での大きな課題は，地域の力をどのように高めるかという点，そして福祉総合相談課・社協等の専門職がそれをどのように支え，連携していくのかという点にある。地域の福祉力を再構築し，専門職が地域の福祉力と連携していくためには，地域住民の力動に身を委ねて，粘り強く耳を傾けられるかが問われている。地域福祉計画の策定は，専門職と言われる人たちが地域住民との相互作用により変容できるかの試金石とも言える作業である。各部会のコンセプトを以下に示す。

　① 「縁（ゆかり）」の部会
　孤立している人に，まわりが無関心なのでお節介をやいて，絆やつながりの再生を考える部会
　② 「誇（ほこり）」の部会
　地域の一員として活躍する場がなく互いに無関心で，地域力が衰退している。そこで自分の誇りをみつけ活躍できるような役割を発見できる場を考える部会
　③ 「学（まなび）」の部会

他人の痛み，自分の痛みに向き合えない，共感もできない人が増えている。そこでこれからのわがまちの福祉教育と人づくりを考える部会

④ 「護（まもり）」の部会

虐待，権利侵害，自殺，孤立などの一つひとつのケースに自助・共助・公助の分担が不明確なまま事後救済の支援しかできていない。そこでわがまちの福祉総合相談体制の設計図を考える部会

地域包括ケアに立ち向かう人たちへ

福祉総合相談課が開設され2年が経過し，地域ケア会議や地域福祉計画の作成等を通じて社協との協働は着実に進みつつある。福祉総合相談課のスタッフの燃え尽きを予防し，モチベーションを高めるために，定例でケース検討会を設け，「支援する人」を支援するしくみが動きはじめている。これまで福祉専門職で抱えていたリアリティを地域福祉計画の作業部会で住民に伝え，共感と受容への方策の検討が進みつつある。これらの取り組みを通じて，南アルプス市の中で，地域包括ケアシステム構築の歩みの実感が，個人から周囲へ少しずつではあるが，着実に広がっている。現在はその実感が自信や喜びとなり，次のステージに向かうモチベーションにもなっている。

一方多くの地域で，意欲はあるけど「地域包括ケア」という得体の知れない怪物に呆然と立ち尽す人，あきらめてしまっている人がいることと思う。それは当然な反応だと思うし，南アルプス市も例外ではない。自分一人で立ち向かうには困難感や負担感が大きいが，重層的なチームが存在し，互いに支え合い総力戦ができる体制ができて，みんなで一歩ずつ進めていくものだと考えればどうだろうか。筆者が包括で勤務を開始した当初は，周囲に想いを共有できる人がおらず，不全感を募らせるばかりだったが，それは私自身が殻にこもり，発信をしなかったから必然に起きたものだった。ソーシャルワークマインドを周囲に伝播させ，実践の意味を伝え続けることを意識するようになったことで，共感の渦が発生し，確実に周囲の様子が変わり，重層的なチームづくりにつながっている。チーム南アルプスの物語がより豊かなものになるよう，スモール

ステップで進化し続けていきたいと考えている。

第2節　地域の御用聞きから住民主体の地域づくりへの展開

北杜市の現状と地域ケア会議の取り組み

　北杜市は2004（平成16）年に7町村，2006（平成18）年に1町が合併し人口5万人弱，県で最も面積の大きな市となった。2013（平成25）年4月1日現在，人口は4万8874人，高齢化率は32.1％と県内で7番目に高齢化率が高い状況である。

　高齢者は住み慣れた地域でできる限り生活したいと希望する人が多く，一人暮らしや高齢者世帯が増える中，高齢者が気軽に集える場所が求められている。

　地域包括支援センターでは，介護保険外サービスを含めた様々なサービスを包括的・継続的に提供できるような地域の体制を作るために2011（平成23）年度から地域ケア会議に取り組み，地域課題を把握するため個別地域ケア会議を積極的に開催した。個別地域ケア会議の積み上げから，各地区で小地域ケア会議を行い，地域課題を検討し，高齢者が住みやすい地域になるような企画立案につなげていくというような「地域包括ケア推進会議」を推進していきたいと考えた。

　小地域ケア会議については，地区民生委員との話し合いなどの取り組みを進めてきたが，各地区における（旧町村単位）小地域ケア会議の開催等地域づくりへの展開ができていないことが課題となっていた。2013（平成25）年度はモデル地区を決め，小地域ケア会議の開催を考えていたが，合併により広大な8つの地域（旧町村）が対象となり，地域包括支援センターのマンパワーを考えると，小地域ケア会議を開催するためには課題や調整の必要があると感じ，山梨県地域包括ケア推進アドバイザーなどの派遣事業を活用し，検討をしながら小地域ケア会議について取り組みを進めることにした（図3-1）。

図 3-1 北杜市の地域包括ケア推進会議

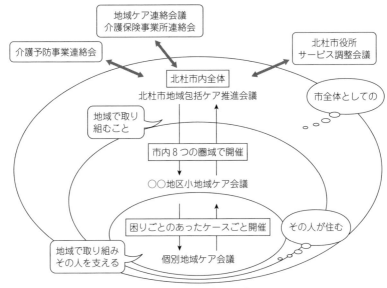

出所:「第3次ほくとゆうゆうふれあい計画」北杜市, 2012年。

県アドバイザー等派遣事業とモデル地区への取り組みまで

　最初にアドバイザーから指摘されたのは次の4つのことである。①地域ケア会議は方法論，会議をすることが目的になっていないか。②そもそも小地域ケア会議はしなければならないのか。③専門家が考えている問題意識を住民が持っているかどうか，地域が課題を課題として感じているのか。④住民が変化するためには行政側の人間が変わる必要もある。

　また，モデル地区にまず「御用聞き」に行ったらどうかと提案があった。「御用聞き」という言葉をどう解釈すればいいかとまどったが，まずは実行してみようということになり，「モデル地区を3か所決め，住民の話を聞く機会を持つこと（御用聞きの実施）」「地区への取り組みは地域包括支援センターと介護保険担当が複数で関われるように課内調整をすること（介護支援課として取り組む）」「各地区民生委員が活動により感じている地域課題等をアンケートと意見交換会で確認すること」について調整することにした。

「御用聞き」を行うと，地区から要望がたくさん出され，後で対応が困るのではないかとの心配もあったが，「地区を知る・語ってもらう」「安心して元気に暮らし続けるために地区のことをどう考えているか教えてください。実情を教えてください」という姿勢で取り組み，出された地域課題は住民と一緒に考えていこうというスタンスで実施することにした。

モデル地区への取り組み「御用聞き」と成果等

モデル地区は次の3か所を選定した。須玉町増富地区（高齢者の多い地区），武川町宮脇地区（一般的な地区），小淵沢町大東豊地区（転入者の多い地区）である（表3-1）。

「御用聞き」は，地域包括支援センターと介護保険担当が3グループに分かれ，検討を重ねながら実施した。

また，実施にあたり，行政関係として健康・福祉の関係課，地区の総合支所，社会福祉協議会，地域関係者として，区長，班長，組長，民生委員，保健福祉推進員，公民館主事，老人会長，食生活改善推進員，介護予防サポートリーダー，地域の関係団体等に協力をお願いした。

「御用聞き」は地区の公民館等に高齢者や地区関係者に集まってもらい「高齢者がこの地区で安心して元気に暮らすために」というテーマで，市やモデル地区の健康・介護等の情報伝達や，軽運動，意見交換等を行った。また，地区の困りごとだけではなく，その地区のよいところも語ってもらうように工夫した。

「御用聞き」で出された課題は，「高齢者は人と会う交流の機会が少ない」ということであった。集まる機会を作りたいという意見も多く，地区で集まる機会を作ることについて話し合いを行った。

このモデル地区の取り組みにより，地区の関係者とのつながりや関わりが持てたことは大きな成果であった。各地区においても，次のような具体的な成果につながり，取り組んだことの大きな意義を感じた。須玉町増富地区では，民生委員の提案により公民館で布わらじづくりの集まりを始めた地区があった。

第Ⅰ部　地域包括ケアシステムを創る

表3-1　モデル地区への御用聞き

地区名	須玉町　増富地区	武川町　宮脇地区	小淵沢町　大東豊地区
地区の概況	○高齢者の多い地区 人口：509人 高齢化率：64% （平成25.4.1現在） ・区長から地域の住民の生活の活性化などについて以前から相談があった。 ・急速な高齢化が進み将来，市全域が迎える高齢化の現実（限界集落等）に直面している。 ・新住民といわれる方は少ない地域である。	○一般的な地区 人口：277人 高齢化率：35% （平成25.4.1現在） ・武川町の南に位置し他市との境の地区。 ・スーパー，温泉，公共施設等へのアクセスが不便。 ・前年度のはつらつシルバーの集い未実施地区で，保健福祉推進員から開催の相談があった。 ・歩いて行ける公民館で介護予防の検証をするため「公民館カフェ」の実施を依頼した地区。	○転入者の多い地区 人口：570人 高齢化率：32% （平成25.4.1現在） ・アドバイザー派遣事業にて，出ていた北杜市の特徴的な3つのテーマ ①高齢者の多い地区（限界集落） ②転入者の多い地区 ③一般的な地区 の中で②の転入者の多い地区として選定。
御用聞きの方法	①地区に関わりを持つ組織関係者への聞き取り（区長） ②「地区公民館を巡回し高齢者との語る会」の実施 ③市役所関係課への聞き取り（農政課，観光課） ④地区関係団体への聞き取り（増富ラジウム峡観光協会，増富温泉，護持の里たまゆらの各代表者） ⑤「高齢者との語る会」の結果報告会の開催	①宮脇地区で元気に暮らし続けるための語る会で高齢者への聞き取りの実施 ②「語る会」・「公民館カフェ」の報告会の実施	「大東豊地区で安心して元気に暮らすための語る会」 ①旧役員会にて聞き取り ②老人会開催時聞き取り ③区未加入者への聞き取り

注：「はつらつシルバー」：各地区の公民館を活用し，保健福祉推進員を中心に集いを企画し実施する事業。実施は社会福祉協議会に委託。
　　「公民館カフェ」：高齢者が自ら歩いて行ける公民館において，地域の関係者や介護予防サポートリーダーが主体となって介護予防をできる場づくりについて，実施を検証した平成25年度研究事業。

（地域での自主的な集まりが住民の中から生み出された）この中で，市はファシリテーターとなり実施を見守っていくことが必要であると考えている。武川町宮脇地区では，介護予防サポートリーダーが主体となって行う介護予防のための集まり「公民館カフェ」を今後も継続して行うことになった。小淵沢町大東豊地区では，今後も「高齢者が地区で安心して元気に暮らすための語る会」を区

未加入者と継続して行うことになった。

　また，取り組みによりわかったこと・発見したことは，「地域の実態を知るには，実際に生活している住民の生の声が重要であること（行政や専門職の枠組みや先入観で地域を捉えてしまいがちであった。）」「地域に介入するには，まずその地域のことをよく知る必要があること」「最後までフォローする責任と体制づくりが必要であること」であった。

　「御用聞き」から住民主体の地域づくりへの展開を支援するためには，行政主導ではなく，住民自らが何かをはじめるきっかけが必要であり，そのための支援として，行政や専門職は，住民主体で地域が動くために，最初はリーダーとして関わり，徐々にファシリテーターとなり地域を見守っていくようなサポートの仕方をすることが必要である。また，支援の体制として，地域づくりは地域包括支援センターだけでなく，健康・福祉等の関係課，社会福祉協議会等が連携し，一緒に取り組んでいくものなのだと考える。さらに地区関係者等の協力も必要であることを，モデル地区における取り組みの過程やアドバイザーの助言から，実感し学ぶことができた。

行政が変容することが必要

　今回の取り組み（御用聞き）により，住民が変化するためには行政側の人間が変わる必要があることを実感した。当初は住民の声を聞くと要望等がたくさん出され，後で対応が困るのではないかとの不安があったが，これは，今までの行政の手法では，そういう結果になっていたことが多かったからである。しかし，アドバイザーの助言や検討グループ内でも自分達の立ち位置を確認し，行政側が「地区のことを語ってください」「教えてください」という姿勢で関わったことで住民から地域への想いや願い，地域のよさや力をたくさん聞くことができた。この「地域の物語」の中で課題も住民の口から語られ，その解決策を行政も一緒に考える中で，住民の中から集う機会が生み出されたことは，今までの手法ではあまりなかった体験だった。今後も地区で集いが継続して実施できるように，フォローし見守っていきたい。

当初,「御用聞き」という言葉にとまどった私たちだが,モデル地区で「御用聞き」を実施する過程で感じたのは,地域づくりの展開を支援することに対する「楽しさ」や「わくわく」する気持ちだった。筆者としては,合併前に勤務していた旧町村で行っていたような地区活動がようやくできたなという「うれしい気持」だったように思う。合併以後,遠く感じるようになった行政と地域との関係が「御用聞き」を実施する中で近くなったように感じた。

また,地域包括支援センターを地区住民に周知するいい機会にもなった。

北杜市には,モデルの3地区(高齢者が多い地区,一般地区,転入者の多い地区)と類似する地区は,他にも多くある。他の地区でも小地域ケア会議が実施できるように,平成25年度実施したこと(御用聞き等)を参考にして,今後も取り組みを進めていきたいと思う。

注
(1) 高齢者保健福祉計画と介護保険事業計画を合わせたもの。

第Ⅱ部

地域包括ケアシステムを創るための3つの課題

第4章
ケアマネジメントを徹底的に底上げする

序

　地域ケア会議の実施に取り組んでいる自治体からは，事例検討はこれまでもやっているが，個々の事例の解決に精一杯で地域課題の抽出には至らない，という声をよく聞く。これは，表面的な事例理解とそれによる「表面化している問題」への対処療法的な関わり方に終始してしまっていることが原因と言えるであろう。まずは個別の課題ときっちり向き合い，表面から核心部分へ掘り下げていくことが地域課題と向き合うことに通じる。なぜなら，地域課題の多くは，個人や家庭を通じて個別の課題として表面化してはいるが，その個人に偶発的に生じたのではなく地域の弱点から噴出することが多いためである。事例検討において，生じている現象だけを見るのではなく「問題の構造」を見立て，その地域・その家庭・その組織の弱点に対応していくことが，地域課題を見つけ出すにあたっておそらく最も効果的な方法であるだろう。そのためには，最前線でケアマネジメントにあたる介護支援専門員（以下，ケアマネジャー）やそれを支援する主任介護支援専門員，地域包括支援センター，介護保険の保険者が，目指していく自立支援の形を具体的に共有しそのために必要なケアマネジメント力を共に身につけ向上していく営みが必須となる。本章ではケアマネジメントの質的転換という課題に焦点をあて，その課題と現場実務者がどう向き合うかを5つの節で展開する。

　まず第1節では，地域課題と向き合う前提となる，地域をどう見るのか，地域アセスメントをどう行っていくかについて「問題」と「課題」の切り分けや

地域が本来持っている強みとも言える「ソーシャル・キャピタル」について述べる。

次いで第2節においては，地域ケア会議における事例検討のあり方を事例検討の現状と問題点から考える。特に地域ケア会議で取り上げられることの多い「困難事例」を掘り下げ，対応方法（how）を探るのではなく，なぜ，どうして，何が（why・what）がわからないことからくる「問題」のありかをじっくりと掘り下げていく点について述べる。地域ケア会議の位置づけを定める上でヒントになるはずである。

第3節では地域ケア会議を，ケアマネジャーを支え共に成長する場と位置づけた地域包括支援センターの実践事例として山梨県富士吉田市地域包括支援センターの取り組みを紹介する。地域ケア会議を主催しなければならない立場の包括が，何に悩み，何を考えて地域ケア会議をスタートさせていったのか，その試行錯誤の日々を率直に綴っている。悩める包括の職員に是非読んでほしい。

第4節ではキーパーソンとして期待のかかるケアマネジャーの立場から見た地域包括ケアについて述べる。あれこれ期待される部分の多いケアマネジャーの立ち位置を確認し，何から始めればよいのか，ケアマネジャーへのインタビューから得た内容を整理し提示する。現場の悩めるケアマネジャーにとっては地域包括ケアとの向き合い方のヒントに，包括や行政のスタッフには現場のケアマネジャーの声として参考になる点が多いと思う。

最後に第5節では，個別ケースの課題をいかにして地域課題の発掘につなげるか，という視点で，個別ケースと向き合い掘り下げることの意味とその方法について述べる。

筆者が各地で事例検討を行ってきて感じている事例検討やケアマネジメントの課題と，目指すべきと信じる方向について，できうる限り本音で率直に記した。また現場関係者にお願いした記述もできる限りリアルな生の声としてもらった。そのためやや辛口の記述も含まれていると思う。揚げ足取りとしてではなく，大いなる期待と信頼の裏返しとして受け取っていただき，地域包括ケアシステム構築，特に地域ケア会議をどのように進行するかでお悩みの皆さんの

ヒントになれば幸いである。

第1節　地域をアセスメントし健康課題を見出す

なぜ地域課題を見出すのか

　無事に治療を終えて退院の日が決まった患者に対し，専門職は各々の立場から専門性を発揮して関わることになる。在院日数の短縮化も影響し，退院後の生活が入院前と全く同じように過ごせるとは限らないため，この患者が今後安心して在宅生活を送るためには何が必要で，どこから優先的に支援していくかを考えていかなければならない。その際，患者本人の身体状況や容体を的確に把握するにとどまらず，生活を支えてくれる家族や親戚はいるか，自宅の風呂やトイレを使うのに不自由はないか，また，地域生活を送るとなれば，ご近所との関係はどうか，経済面における不安はないか，もしくは，患者自身がこれまで生きてきた中で築いてきた価値観まで捉える必要がある。

　同様に，地域包括ケアを推進するにあたっては，関わるべき地域の「現状と課題」を十分に捉えておかなければ，何に優先的に取り組むべきかもわからなくなり，その結果，痒いところに手が届く支援や住民主体の活動にはまずつながらない。「地域課題を見出す」ことに多くの専門職が頭を悩ませていることを聞き，これは専門職の枠を越えた共通課題であると考えた。保健師活動の原点には「地域診断」があるが，筆者が保健師として現場経験を積む中で学んだこの方法論は，われわれ地域包括ケアを推進すべき立場にある誰もが知っておいて損はないと考え，ここで紹介することにした。

　地域住民がどんな生活を送っているのか，何を大切にしながらどんなことに生きがいを感じているのか。これは今も昔も変わらないことなのか，それとも最近の傾向なのか。優先順位を考える暇もないくらい目の前にある仕事に翻弄される毎日で，「誰のために」「何のために」活動するのか，目的すら見失っていることが往々にして見受けられる。

　自分の大切な人，たとえば親や子ども，夫，妻，親友，恋人のために「何か

したい」と思ったときまず相手のことを思い浮かべながら,「この間肩こりがひどいって言っていたけど,最近はどうかなぁ」といった具合に,知る限りの情報を整理する。もしくは相手のことをもっとよく知っている人に相談することもあるだろう。地域の健康課題に取り組む際も全く同様で,今ある情報を整理しアセスメントするところから始まる。アセスメントは,日本では「分析・評価」の意味で用いられることが多く,とりわけ医療・福祉現場で多用されている。そこで地域課題を把握し分析するプロセスを「地域アセスメント」とよぶことにする。

「この辺りの人たちは,なんだかみんな降圧薬を飲んでいるなぁ」とか「この集落では,脳梗塞で倒れた方がこの冬だけで3件もあったようだ」という情報を得た際,これが果たして地域の実情を映し出しているのかどうか,その答えを導くために適切な客観的資料を整理する作業が必要である。上記の例であれば,この地域に住む人たちの受給状況をレセプト情報から集めたり,地域と共に歩んできた医療機関に話を聞いたりしてもいいだろう。当事者や家族から直接得られる情報に限らず,住民を取り巻く地域の社会資源にも注目してみてほしい。社会資源には人的資源も含まれる。たとえば,自治会や愛育会等の地域組織,地域ボランティアやNPOの活動,民生委員による見守り活動,近くに住む家族や親戚の関わり方,ご近所付き合い等々。これらと,地域包括支援センターや社会福祉協議会による既存の活動を照らし合わせながら,この地域に不足しているモノ,もしくは特徴的な地域の「強み」などを整理していく必要がある。具体的に何をアセスメントしたらよいかを表4-1にまとめてみたので,参考にしてほしい。これは,コミュニティ・アズ・パートナーモデル[1]を基に作成してあるが,データの例示についてはすべてを完全に網羅しているわけではなく,筆者が特に重要だと考える項目のみにあえて絞った。大事なのは,これらのデータをすべて集めることだけに必死にならず,その地域の状況が浮き彫りになるような情報が的確に集められているかどうかである。

既存の資料に必要な情報がなければ,場合によっては住民に直かに聞き取り調査やアンケート調査を行うことも必要となる。そして,地域ケア会議こそ,

地域課題の把握と整理の絶好の場となると，筆者は確信している。

　地域の特徴を見出すためには，ほかの何かと比較する必要がある。性別や年齢階級別，経済状況別に比較する「属性比較」，主に年次推移を見る「時間比較」，全国や県，保健所管内，同じ人口規模の地域などと比較する「地域比較」の3比較を覚えておいていただきたい。地域の特徴は生ものであり，絶えず変化しているため，地域アセスメントを習慣化する意味でも必要なデータは毎年整理しておくことが望ましい。

保健師を活用する

　全国国民健康保険診療施設協議会（国診協）が2010年に行った保健師を対象とした調査では，地域の健康課題やニーズを把握し事業に反映させるための「地域診断」の重要性は広く認識されているものの，有効な地域診断が十分にできていない現状にあり，統計データを十分に活用できていないこと，地域診断の結果が十分に共有されていないことなどの課題があることを明らかにした。このような実態の中で，行政保健師は何を優先的に取り組むべきであろうか。

　地域包括ケアシステムの狙いの一つとして国民医療費の抑制がある。保健師は以前からレセプト情報を活用し，同じ疾患での重複受診等を防ぐ地道な活動を行ってきた。レセプト情報の電子化に伴い，山梨県国民健康保険団体連合会は，国保保険者の保有する健診データとレセプトデータを個人突合させる独自のシステム「YKMS：山梨国保突合分析システム（仮称）」を用いて，各保険者に対し分析支援を国に先駆け実施してきた。強みは，市町村の住基ネットで用いられている住民票コードをもとに紐付けされていることである。被保険者証番号では扶養家族も同番号のため，個人ベースのデータ蓄積は難しかったが，これにより，健診未受診者はもちろん，健診の結果要医療でありながらその後医療機関にかかっていない者なども確認できる。このシステムは，保健事業のターゲットの絞り込みに大きく貢献し，今後も山梨県内の国保保険者，もしくは行政保健師の下支えとなるであろう。

　地域アセスメントに必要な情報，特に統計データの多くは自治体から得られ

表 4-1 地域アセスメント表

カテゴリー	サブカテゴリー	データの例示
1 人口構成	人口動態 人口静態	総人口・年齢3区分別人口と割合 出生率・死亡率 転出入人口 性別年齢別人口 地区別人口
2 健康	疾病構造 寿命・健康寿命 健康診査・がん検診	死因別死亡率 平均寿命・健康寿命 特徴的な疾患や症状 各種健康診査(成人・母子)等の受診率・結果 要介護認定者数と申請時の原因疾患 介護サービス利用者数・サービス未利用の理由 各種保健事業への参加状況
3 家族	家族形態 世帯構成	世帯総数(核家族世帯・高齢者のみ世帯) 独居高齢者数・障害者数
4 労働	雇用状態 就業状況	雇用形態別人口 所得水準 生活保護世帯数
5 歴史と文化	社会規範 風習	教育背景別人口 習慣・住民の価値観 祭事・伝統工芸
6 物理的環境	地理的条件 気候 住環境	地形・位置・面積・土壌・河川 街並み・景観 土地利用・道路・線路 生活の豊かさ・困難さ・清潔さ
7 経済	基幹産業 地場産業 流通システム	産業別人口・特産物 産業別事業所数 失業者数
8 政治と行政	行政組織 政策 財政力 住民参加状況	自治体の基本方針・条例 政策(総合計画・保健福祉計画・各種事業計画) 自治体の財政力指数 政治的風土・投票率(政治への関心)
9 教育	学校教育 社会教育 生涯教育	学校教育機関数・配置 生涯教育機関数・配置 図書館数・利用状況
10 安全と交通	治安 災害対策 交通	治安機関の数・配置 犯罪発生数・検挙 救急車出動数・消防車出動数 ライフライン(上下水道・ガス・電気)の整備 公共交通機関の整備・道路の整備状況 防災・除雪体制

11	情報	通信手段	新聞・タウン紙・ローカルテレビ・ラジオ 通信手段の普及状況 インターネット利用状況
12	レクリエーション	レクリエーション施設 憩い・交流の場	広場・空地の活用方法 文化・スポーツ・娯楽施設の利用状況 公園の雰囲気
13	ソーシャル・キャピタル	信頼 互酬性の規範 ネットワーク 近隣関係 地区組織	ネットワークの性質（排他的か協調的か） 地域の親交状況 近隣との人間関係 地区の公的組織・民間組織 ボランティア団体の種類・数 地域への愛着
14	保健医療と社会福祉	保健システム 医療システム 福祉システム マンパワー 連携・調整システム	保健センター・医療機関 地域包括支援センターの数と配置 医療費・介護保険料 保健事業の対象・内容 介護保険サービス提供事業者数・内容 福祉施設と提供サービス内容 障害者支援 年金・貯蓄 保健医療福祉従事者数 地域包括ケアシステム構築状況 NPOの種類・数

出所：コミュニティ・アズ・パートナーモデル及び佐伯和子編（2007）『地域看護アセスメントガイド』
医歯薬出版を参考に筆者一部改編。

るものである。しかしどの自治体でも，ふたを開ければ保健部門や介護部門，国保の健診データ部門等が縦割りとなっているため，地域アセスメントを進めていくと，必要なデータが思うように手に入らないという状況に必ずぶつかる。他部署に対し，どの情報が何のために必要かを具体的に説明しディスカッションを繰り返すことで，徐々に組織内の連携が生まれ，継続的に把握・管理できるしくみづくりができてくる。日頃から顔を付き合わせ，横のつながりを大切にすることで，自分一人では考えもつかないような解決策が得られるかもしれない。そこで，全国的な動向の中で行政内分散配置となっている保健師を上手に活用していただきたい。関係部署の円滑な連携には時間がかかるかもしれないが，保健師という職種でくくられたチーム意識は，誰もが少なからず持っているはずである。また，保健師の世界には行政の各部門を組織横断的に調整す

る統括保健師がいる。保健師は，今こそ各部署をつなぐパイプ役となるべきなのである。

　保健師は当事者の健康課題について，保健統計や健診データの集積，個人を取り巻く家族や周囲の人々，その環境と切り離さずに捉えて分析し，いわゆる個から地域の健康課題を導き出してきた。また，地域組織活動の中から住民の生の声を的確に拾い，施策化に貢献してきたという歴史もある。地域の健康課題の把握は，保健師の従来の活動そのものにほかならない。量的データと質的データを統合させて実践的活動につなげていく地域診断こそ，保健師の真骨頂である。なぜ地域包括支援センターに保健師が置かれているのかというと，介護予防事業の実践や対象者の選定は当然のことながら，チームで地域包括ケアを有効に機能させるために，地域の健康課題を明確にする際の柱となるためである。そう考えると，ここで全く新しいことを始めるというよりは，むしろ今まで保健師が積み上げてきた地道な活動の中で得たノウハウを活かし，今こそ力を発揮すべきではないだろうか。

「問題」と「課題」を区別する

　日々のケアマネジメント業務は，今何が起きていて当事者や家族は何に困っているのかを把握すること，もしくは，将来どんな問題が発生し得るかを予測することから始まる。地域でこれからもその人らしく暮らしていくために必要なモノの中で何が足りないのか，問題を正しく捉える必要があるのである。ときにはいくつもの問題が複雑に絡み合っていることも決して少なくない中で，これらを引き起こしている原因は何なのかを突き止め見極める。その上で最善策を講じるプロセスを踏んでいかねばならない。

　一般的に，「問題」とは発生している状況であり「本来あるべき姿（目的）と現状との，負のギャップ」と考えられる。課題を明確にするには，その現象が「誰にとっての問題で，何が原因で，何が足りないのか，どうすれば解決に至るのか」等を的確に見極める必要がある。つまり，「問題は課題に落とし込まない限り解決には至らない」のである。「問題」と「課題」を混同すると，

今自分たちが「誰のために，何を解決しようとしているのか」が不鮮明になり，何かしらのアクションを起こしたときも，何を評価すべきかが曖昧となってしまう。これは，個別課題であっても地域課題であっても全く同じである。

山梨県では，すでに地域ケア会議をスタートさせた自治体がいくつかある。実際に参加してみると，今，何を問題としているかがメンバー間で共有できていないことが多い。問題の整理には「本来あるべき姿」と「現状」をいかに共有できるかが鍵となる。市町村で策定する総合計画や介護保険事業計画，地域福祉計画に見られる「わがまちのめざすところ」こそ，本来あるべき姿にあたる。これは，本書第2章で述べた「効果的な地域ケア会議の実践に必要な7つの要素」のうちの「地域ビジョン（目指す姿）の理解と共有」にほかならない。

次に，問題の捉え方について考えてみたい。多くの人が「問題だ」と言っているわが国の「少子高齢化」を例に挙げてみよう。このような「現象」は，経済学的にみれば将来的に15～64歳の生産年齢人口が減少するため「少子化による経済成長の低下」が問題になるし，社会福祉学的に見れば「老老介護の増加」が問題になる。あるいは公衆衛生学的にみれば「加齢に伴う認知症患者の増加」が問題となるかもしれない。つまり，各人の置かれている立場によって問題の捉え方が様々であることが分かる。地域ケア会議のように多職種が一堂に集まって問題を共有するような場面では特に注意が必要である。また，「問題」は状況に応じて常に変化するものであり，個別ケースを例に挙げると，疾患の種類や罹患の時期，入院や退院，そのとき家族の支えがあるかないか，周囲のサポートが得られているかどうかなど，当事者の環境の変化に伴って「何が問題か」が変化することも十分考えられる。ケアマネジメントの際には当事者の置かれている今現在の環境を的確に把握しておく必要があるのである。

課題を明確にするということ

「課題」は，英語では theme（テーマ）となり，日常の中では，課題レポートや合唱の課題曲といったように，「題を課す」意味で使うことが多い。ただ，地域の健康課題といった場合にはこれをそのまま当てはめてもしっくりこない。

そこで，筆者が頭を悩ましあらゆる検討を繰り返した結果，「課題＝問題を引き起こしている要因のうち，介入により解決すべきこと」と捉えるということに行き着いた。

　目の前に大きな川があり，行く手を阻んでいる状況を想像してほしい。目的地にたどり着くためには，ここを通るしかないのであるが，この場合，「大きな川で道が寸断されている」現状があり，「これ以上先に進めない」ことが問題となる。そして「川を渡るための手段がない・知識がない・勇気がない」というようなことが課題と言える。「課題」は，問題を起こしている要因を整理し（場合によっては仮説段階でも構わない），何が足りないのか，もしくは何が邪魔をしているのかということを明確にした上で，対処法を検討していかなければならない。よく見受けられる間違いとして，川を渡るために「橋を架ける必要がある」「船を用意する必要がある」「目の前の川を大きく迂回する必要がある」というふうに，「〇〇する必要がある」と記したくなるが，これはどれも課題ではなく「手段・方法」にあたる。

　次は日頃の活動を通じて考えてみたい。ある認知症の在宅療養者Ａさんが，これからも自宅で生活していきたいと考えているにもかかわらず，徘徊がひどくなり家族の支援や介護サービスだけでは十分でなく，施設への入所を余儀なくされている状況にあるこの場合，問題は「地域での在宅生活を続けることができない」ことで，課題は「同居家族の協力体制が十分でないこと」や「地域の見守り体制が整っていないこと」，場合によっては「ケアマネジャーの力量不足」ということも考えられる。このように取り組むべき課題が明確になると，具体策は容易に浮かんでくる。同居家族の協力体制が十分でなければ，それが知識不足なのか，協力する時間がないのか。場合によってはほかの親族にも関わってもらう必要が出てくるであろうし，人的社会資源を発掘する必要も出てくる。地域の見守り体制が整っていなければ，地域ケア会議等を活用しながら地域住民の機運を高める必要も出てくるだろう。また，ケアマネジャーが力量不足なら，地域包括支援センターによる支援，もしくはほかのケアマネジャーや居宅介護支援事業所に変更することも視野に入れなければならない。課題が

明確でありさえすれば，それに見合った具体策を探すのはそれほど難しいことではない。そして，このような個別課題の蓄積から地域課題を見出していく。筆者がいくつかの地域包括支援センターの支援に関わる中で作成した「地域課題を見出すための個別課題整理シート」（表4-2，4-3）を紹介しておく。これは，どのような健康課題を持つ事例が地域に多いかを把握するためのシートで，個別課題を積み上げていく形になっている。ぜひご活用いただきたい。

腹痛を訴えてきた患者に対し，細かな症状を大して聞きもせず，とりあえず胃薬を処方するような病院や医師に，自分の命を預けられるであろうか。症状と検査結果を総合的に検討した結果どのように見立てたのか，またこれを引き起こしている要因は何なのか。その上で解決すべき課題は何か。必要な情報をしっかり集め，それらを関連づけて的確な判断をすることはとても大切なことである。

地域力（ソーシャル・キャピタル）を高め育む

程度の差こそあれ，どの地域にも「強み」があるはずである。地域をアセスメントする際に念頭に置いてほしいのが「地域力（ソーシャル・キャピタル）」である。高齢者が地域で孤立してしまう背景には，雇用基盤の変化，孤立化・無縁社会化する家族形態や地域の変化などが挙げられる。社会経済的に不利な層や保健医療サービスへのアクセスが悪い層などへのアプローチは十分行われてきたとは言えず，健康格差が今後深刻化することが危惧される。底辺層を底上げすることなしに，国民全体の健康水準も上がらないことは明らかである。こうした課題は，公助による対策だけでは解決できない。ソーシャル・キャピタルは，信頼・互酬性の規範・ネットワークといった社会組織の特徴で，いわゆる互助にあたる。これまで会社が社会とのつながりであった多くの人にとっては，地域社会でのボランティア活動やふれあいサロンへの参加は非常に敷居が高く，このような人たちに対する新しい地域参加の形が望まれている。シルバー人材センターに着目してみると，無理なく楽しく，できる範囲で働き，地域や社会に貢献する「生きがい」と，慣れ親しんだ「就労」という生活スタイ

第Ⅱ部 地域包括ケアシステムを創るための3つの課題

表 4-2 地域課題を見出すための個別課題整理シート

地域課題を見出すための
個別課題整理シート

No. _____　　　　　　　　　　　　　　　　　　記入者 _____
　　　　　　　　　　　　　　　　　　　　　　　　　　記入日 _____

《事例のタイトル（問題状況）》（あなたが問題だと捉えている状況）

《問題のアセスメント》（<u>なぜ</u>これを問題であると捉えたか，問題が解決できないと<u>どうなってしまうか</u>，その<u>根拠</u>を，得た情報を用いて文章にすること）

《問題の関連要因》（問題を引き起こしていると思われる要素や，関連していると思われる要素を，今ある情報の中で，いろんな角度からできるだけ多くのことを挙げること）

《課題の整理》（課題＝問題を引き起こしている要因のうち解決すべきこと）

対象をとりまく**課題**	課題に対して必要なこと
・	
・	
・	

第4章 ケアマネジメントを徹底的に底上げする

表4-3 地域課題を見出すための個別課題整理シート(記入例)

地域課題を見出すための
個別課題整理シート

No.　　　　　　　　　　　　　　　　　　　　　記入者 ＿＿＿＿＿＿＿＿
　　　　　　　　　　　　　　　　　　　　　　　記入日 ＿＿＿＿＿＿＿＿

《事例のタイトル(問題状況)》(あなたが問題だと捉えている状況)

・独居の80代男性で,認知症の進行とADL低下に伴い在宅生活が続けられなくなるおそれがある事例

《問題のアセスメント》(なぜこれを問題であると捉えたか,問題が解決できないとどうなってしまうか,その根拠を,得た情報を用いて文章にすること)

・本人は在宅生活を継続していきたいと希望している。
・定期的な服薬を忘れてしまい,症状が悪化する恐れがある。
・認知症が進行すると「外出後に道に迷う」「火の始末ができない」といった状況が将来的に考えられる。
・退院後の環境の変化によって「意欲低下」や「不安感の増強」が考えられ,もともと一人でいることが好きなAさんの場合は,閉じこもり傾向になる恐れがある。
・入院中の筋力低下によりADL(日常生活動作)の自立が困難であり,転倒時や災害時には周囲の助けが必要であるが,親戚や近所との関わりが希薄なため周囲の支援を実際に得ることが難しい状況にある。
・筋力低下によりつまずきやすく,再び転倒してしまう恐れがある。

《問題の関連要因》(問題を引き起こしていると思われる要素や,関連していると思われる要素を,今ある情報の中で,いろんな角度からできるだけ多くのことを挙げること)

・入院に伴う筋力低下。特に立ち座りや歩行に必要な下肢筋力の維持が難しい。
・物忘れが時々見られる。(認知症があっても症状として現れなければ生活に支障はない。)
・服薬管理は現在看護師がしており,本人が進んで定期的に服薬する場面は見られない。
・近くの親戚や近所に,Aさんの生活を見守ってくれる支援者がいない。
・介護サービスを利用する意思がないこと。
・意欲が低下したり,不安感が強くなったりする症状が将来出る可能性がある。　　　　　　　　　憶測・推測は書かない。
・食欲低下や運動不足によって,体調を崩すこと。
・再び転倒し,骨折してしまうこと。

※「経済的問題」や「本人の病識がないこと」などもここに入ります。

《課題の整理》(課題=問題を引き起こしている要因のうち解決すべきこと)

対象をとりまく課題	課題に対して必要なこと
・服薬管理を自力でできない。	・服薬の必要性を本人が理解できること。 ・ホームヘルパー等の介護サービスやインフォーマルサービスによる,服薬支援や服薬確認支援。 ・認知症予防のための定期的な頭の運動。
・日常生活を送るために必要な筋力が維持できない。	・自力で何ができて何ができないかを把握すること。 ・自力で何ができて何ができないかを,本人が理解すること。 ・下肢の筋力を落とさないための定期的な運動。 ・自宅でつまずきやすいものの撤去や段差の改善。 ・転倒のリスクについて,本人が理解すること。
・	

73

ルを両立させていくことが重要である。これには住民自身の発想の転換が求められる。かつてのような「高齢者＝弱者・支援される側」という枠組みを変換していかなくてはならない。ソーシャル・キャピタルが豊かな地域ほど，住民が誘い合って健診を受診したり，ボランティア団体が健診の必要性を広げたり，結果的に健診受診率は高くなることが期待される。また，在宅療養している方には，隣近所の方々が介護予防教室などの情報を届けてくれたり，会場への送迎をしてくれる人がいたり，機能訓練ができる医療・福祉施設を地域に増やしたりする上でもソーシャル・キャピタルが力を発揮しうると考えられる。また，ソーシャル・キャピタルの醸成には居住地域への愛着の気持ちが関連していると考えられている。筆者が山梨県の地域住民300人を対象にアンケート調査を行ったところ，自治会や愛育会等の地縁的活動，生涯学習を含む趣味・娯楽活動，美化や防犯に関するボランティア活動のどれにおいても，地域に愛着のある者のほうが有意に参加していた。また，居住地域に愛着のある者は，友人や知人，親戚との交流頻度が高かった。日頃の程よい人づきあいと地縁的活動への参加が，居住地域への愛着を醸成する，もしくは，愛町心こそ積極的な地縁的活動につながるのである。

〈付記〉第4章第1節は，JSPS科学研究費：24792574の助成を受けて実施した「ソーシャル・キャピタル概念を取り入れた行政保健師の役割に関する多角的研究」（代表：望月宗一郎）の成果を一部含んでいる。

第2節　「困難事例」から見えてくる地域課題

地域ケア会議の目的と機能

地域ケア会議は，個別ケースの支援内容の検討という手法を用い，①自立を支援するケアマネジメントを地域全体に普及すること，②支援ネットワークを構築・強化すること，③具体的な地域課題やニーズを把握すること，の3点の達成を目的としている。多くの地域包括支援センターや社会福祉協議会は，こ

れらの目的に沿った様々な取り組みを行い，地域包括ケアの推進に取り組んできた。しかし，取り組みの成果が個別の支援にとどまっている，個々の援助者やその所属組織内での共有にとどまり地域へ波及しない，地域課題の抽出やネットワークの強化につながっていかない，などの声を耳にする。

発揮されている機能の面から見ても，地域ケア会議が果たすべき機能として，①地域課題解決機能，②地域課題発見機能，③連絡調整機能，④地域づくり・資源開発機能，⑤政策形成機能，の5つが提示されているが，現状においては地域課題解決機能が中心となっている印象を受ける。

これらの状況を踏まえた上で本節では筆者のこれまでの事例検討実施を通じて得られた知見をもとに，地域ケア会議における個別事例検討のあり方について提案したい。

地域ケア会議の3つの目的を達成していくには，課題解決に特化し対処療法的になりがちな従来の事例検討の形から，一度離れる必要があると考える。いわば地域全体で体質改善を行い病気にかかりにくい体を目指す漢方療法のような，地道な取り組みを展開することが，遠回りに見えても目的達成への一本道なのではないだろうか。具体的には従来の「どのように支援するかの検討」を行うケースカンファレンス的内容から脱却して，なぜこのような状況が生まれるか，何が影響して悪化させ，改善が妨げられているのかを，事例検討によって様々な角度から再アセスメントし，事例そのものを深く掘り下げ，問題の本質に迫っていく必要があると考える。

寄せられる「困難事例」を深く掘り下げることによって，表面に見えている枝や葉の問題にだけ対処するのではなく，地面に埋まって見えていない根本的要因に迫ることで，森全体を再生する手がかりが得られるのではないだろうか。一本の木であれば一人の援助者が必死になれば対処できるかもしれない。しかし森全体を手入れするには様々な専門性を持つ多くの人手が集まらなければ手の打ちようがない。普段何気なく見ている一本の木を，参加者の様々な専門性や経験を活用しててっぺんから根っこまで眺め渡し，見上げ，俯瞰してみることで，その一本の木を通して森全体の様子がわかり，結果として5つの機能が

発揮される下地が生まれるのではないかと考える。その木に生じている問題だけでなく，その問題の構造も視野に入れることで，同様の問題が他の木にも生じうる，他の森でも起きている可能性に気がつくことができるであろう。

対応方法を検討する事例検討の限界

多くのサービス担当者会議やケースカンファレンスで中心的なテーマとなっているのは「このケースにどう対処すれば良いか？」という，対応方法（how）を問うものである。しかし対応方法の話に終始してしまい，この対応がよくない，援助のこの部分が問題だ，というあら探しになってしまうとの声も耳にする。大勢の前で問題点を指摘され，つるし上げられるような状態では教育的な効果は望めず事例検討への参加そのものに二の足を踏む恐れがある。また，仮に対応方法を編み出すことができたとしても，利用者や家族に拒絶されたり，短期的には沈静化しても根本的な解決には至らずに再燃したり，不本意な結果に終わることも少なくない。関係者が知恵を集めて何度も検討しても解決しなかった「困難事例」を題材に事例検討を行うと，とっくに終結した事例であるにもかかわらず対応した援助者の心の引っかかりや不全感が激しく表出されることも珍しくない。

こういう際にも決まり文句のように発せられるのは「こういう場合はどうすればよいのか」という方法への問いである。このことからわかるのは，表面化している「モンダイ」に対して対症療法的に関わることはできても根本的な解決が望めないでいる現状と，対応方法を検討するタイプの事例検討の限界である。同時にこの点にこそ，地域ケア会議における事例検討に必要な内容が隠されているのではないだろうか。

従来の事例検討の問題点とそれへの対応

従来の事例検討の最大の問題点は一つの事例を掘り下げ切れず対応方法の検討に終始しがちなことである。対応方法の検討だけでは，援助者の個人的能力で何とか解決に導いたとしても，そこで作り上げたネットワークや実践知を振

り返り評価し共有する間もなく次のケースにあたり，担当者が異なればそこでまた新たに対応方法を考えることの繰り返しとなる。まさに毎回振り出しに戻ってゼロからスタートする営みとなり，結果としてせっかく築き上げた各自のネットワークや実践知は個人技として伝承されることもなく，その人にしかできない一代限りの名人芸と化す。

　ではなぜ，対処療法的に対応方法を探し求めてしまうのであろうか。影響する要因には2つあると考えられる。1つ目はマンパワー不足に起因する「間違った効率化」，2つ目はケースを掘り下げきれず根本的要因を見逃すこと，である。これら2つの要因は相互補完的に作用して課題の解決を困難にする。

　1つ目の「間違った効率化」とは，少ない人員で対応しようとするあまり，ある程度ケースのニーズを類型化しその対応もパターン化してしまっている点を指す。ニーズの類型化は一見効率的であるが，類型の見立てが間違っている場合や，類型に当てはまらない個性的ケースには全く効果がない。また，援助者自身が類型化し対処していることに気がつかないでいるケースも散見される。そのケースに生じていることを的確に見立て，類型化し，同時に個別的に捉えるという相反する事柄をきちんと行うことは難しい。類型化する時点で実は援助者が相当な力量を持っていることと，地域での実践知が蓄積され共有されていることが前提になるのである。

　地域包括支援センターや社会福祉協議会は，守備範囲が広く地域支援の中核として様々な役割を担い，悪戦苦闘しつつ配置人員以上の成果を上げている。余力のない状況の上に多くの「困難ケース」が寄せられ，援助者の個人技と地域の様々なサービスの組み合わせで「なんとかけりをつけ」，一つのケースをようやく収めたら，またすぐに次の困難ケースがやってくる，という終わりのないモグラたたきになってしまっている。このようなマンパワー不足の状況下では，一見効率的に見える「間違った効率化」が推進されやすい。

　2つ目の根本要因を見逃すこと，とは一言で言ってしまえばニーズやニーズを生む個人的事情への無理解を指す。あらゆる援助者は当事者や家族のニーズを把握しようと熱心に取り組んでいる。しかし個別性に富んだ広く深い人生の

森は，そう易々とよそ者を受け入れて全容をさらしてはくれず，対人援助技術の基本を身につけていなければ核心部分にたどり着くことはできない。根本要因を見逃すことが，解決に至らない原因となり，モグラたたき状態を生む一因にもなる。「困難事例」とよばれる援助者が必死に関わっても解決に向かわないケースでは，多くの場合「本人や家族にとっての問題」と「援助者が認識している問題」が一致せず，援助者がその不一致を認識せずに空回りをしている場合が多い。こういった場合ではいくら対応方法を検討しても，肝心の問題の箇所が異なっている以上，解決は望み得ない。

　人体の機能とシステムを対象とする医療においては，病名が確定すればある程度，標準的な治療というものが存在し，それに沿って対応方法を決めていくことができる。しかし「標準的な人生」というものを定められない以上，ニーズを類型化することは意味を持たず，その人の人生に根ざした奥深いニーズであればあるほど援助者がつかみきれずに「困難事例」と化す恐れは強まる。多くの援助者は個別化してケースにあたらなければならないことを頭ではわかっているし，なかなか解決に向かわない困難ケースであればなおさらである。そのためにどんなにありがちに思えるケースであろうと掘り下げて考えることが必須であるはずだが，少ないマンパワーで問題に立ち向かわなければならない現状では，一つひとつのケースで足を止めて掘り下げて考える余裕がないのであろう。

具体例で考える──ゴミ屋敷問題の解決はなぜ難しいのか

　ここまでの内容を具体的な例で考えてみたいと思う。いわゆるゴミ屋敷問題は解決しにくい地域の問題とされている。多くの自治体で対応に苦慮し，東京都足立区のように条例を制定し撤去費用を拠出し生活支援と組み合わせた対応をとる例も出てきている。ゴミ屋敷問題では，周辺住民は悪臭や虫の発生，景観の悪化などに悩まされ，切実に解決を願う。しかし行政が介入し，一度はすべて撤去しても，時間が経つと元に戻っているという例があとを絶たない。これは，表面に見えている具体的な問題点に対処しても，根本要因の解決がなけ

れば再発してしまうよい例である。ゴミの撤去という行為は悩まされている周辺住民や援助者にとっては解決だが，本人が「片づけられない」という悩みを持ち，「片づけたい」というニーズを持っていない限りは当人にとっての解決にはなり得ない。

この場合，本人にとってのニーズは別にあり，周囲の人間がいかに撤去方法に知恵を絞り，そのことを本人にどう納得してもらうかを検討しても効果は上がりにくい。むしろ本人からはこの事態がどのように見えているのか，客観的に見ればゴミとしか思えないものをため込むのはなぜなのか，何が解決を妨げているのか，を掘り下げ，本人にとっての問題の中核を探ることこそが，地域ケア会議における事例検討では必要なのではないだろうか。

ゴミ屋敷問題に限らず，地域で起きる様々な困りごとは，その地域や当事者個々人に固有の文脈をもち，その文脈に沿って見なければ何が問題なのかすら，わからないことも生じる。きわめて個別性に富む当人の主観的なニーズをキャッチするには，当事者の視点から，その人の人生のレベルで掘り下げていま生じていることを見つめる必要がある。これこそが問題の中核を見つけ出す際に必要な視点であり，地域ケア会議における事例検討はこのようなことを念頭に置いて進める必要がある。

困難事例の検討を行う意味

「困難事例」は複数の要因が複雑に絡まり，担当援助者の個人の努力では解決しがたい，地域課題の凝縮されたものとも捉えることができる。そのため，「困難事例」の解決には必然的に地域ネットワークの活用が求められ，対応方法に特化せず困難事例の事例検討を実施することは，地域ケア会議が果たすべき5つの機能をもれなく活用することを意味する。一般に困難というのは地域や社会や組織の最も弱いところに現れる。そういう意味からも困難事例をやっかいな対象として扱うのではなく，地域の潜在的な危機に真っ先に警鐘を鳴らしてくれる「炭鉱のカナリア」のような貴重な存在としてていねいに読み解いていくことが，地域包括ケアの土台となっていく。

第Ⅱ部　地域包括ケアシステムを創るための3つの課題

　名医は表面に出ている少ない症状からその病名を予測し，予測に沿った検査を実施することで効率的に病名を絞り込み確定診断を下すことができる。熟練した援助者も実は同じように当事者や家族と向き合っているのではないだろうか。その前提となるのは医師が人体と病に精通しているように，地域と人生に生じる様々な課題に精通していることであるが，従来の方法検討型事例検討ではこういった点を深めることは困難である。特に若い援助者は自身の人生経験も援助経験も浅い。地域ケア会議のあり方を工夫し活用すればベテランが長く蓄積してきた実践知をお裾分けしていくよい機会にもなり得る。こういった観点からも，地域ケア会議における事例検討は，困難事例に対して対応方法 (how) を探るのではなく，なぜ，どうして，何が (why・what) がわからないことからくる問題のありかをじっくりと掘り下げていく必要がある。

　これまでの記述と矛盾するようだが，すべてのケースを吟味し尽くすことができない以上，解決方法の発見を一度脇に置いて，一つのケースを掘り下げて再アセスメントをし尽くし一つの事例から豊かで奥深い他者の人生を学び，大事にストックすることが有効になるのではないだろうか。このことは単純なケースの類型化と似ているようで，奥行きが全く違うものである。モグラたたきのように表面化した出来事だけを個別の特殊事例として扱い，そういった特殊事例への対処方法をノウハウとして身につけるのではなく，対応力を高めつつ，問題の構造を捉え，同様の事象が他にも数多く潜在していることに意識を向けるには，表面からは見えない深い地下水脈を掘り当てるまで掘り下げる覚悟が必要であると思う。事例を深く掘り下げることで当事者のニーズを的確にキャッチする能力をはぐくみ，これまで取り逃がしてきた地域課題を発見していくシステムの一つとして事例検討が機能することが求められる。

地域ケア会議における事例検討で何をするべきか

　では地域ケア会議における事例検討の目的と実施方法とはどのようなものなのだろうか。地域に暮らす人々がよりよく支え合うことを目指すのだとすれば，最終的なゴールは住民目線でいえばその地域に暮らす人々の困りごと対応能力

が向上し，困ってはいるけど「問題」にはならない状態が増えること（住民の解決能力の向上），「問題」が生じたときにどこに相談に行けばよいのか，どことつながればよいのか，がわかること（適切に頼れること）であり，援助者目線でいえば，個々の援助者の問題発見能力（真のニーズをつかむ能力）と解決能力が向上すること，そして個々の援助者が蓄積した実践の知が，他の実践者も活用可能な形でストックされ，熟練者の技と知恵が引き継がれていくこと，といえるであろう。地域包括ケアにおいては特定個人の頑張りだけでなく，地域の支え手全体のレベルアップと，課題解決のしくみが作り上げられていく必要がある。その意味では地域包括ケアにおける事例検討では実践家としての成長をサポートし名人芸を継承するための教育の場としての側面も意識しなくてはならないであろう。

　だとすれば，事例検討のゴールも，援助方針が固まりそのための援助方法が決定する，というサービス調整レベルでは不十分ということになる。優れたスーパーバイザーが寄せられる相談を短時間に次々と解決することはむしろ，住民や個々の援助者の解決能力向上というゴールを遠ざける結果を招き，必要以上の依存（何でもかんでも行政に頼る，上部組織に頼る，上司・先輩・地域の「デキル」援助者に任せる，という不適切な頼り方を助長する）を生み出すことにもなりかねない。そう考えると，地域ケア会議における事例検討は，困難事例を読み解き，本人や家族にとって今の状態はどう認識されているか，彼らの主観的な立場からみた，必要不可欠なものは何か？　それは人生のどういうプロセスを経て形成されてきたかを再アセスメントし，様々な「なぜ・どうして・何が」を参加者全員で掘り下げていくことが得策である。これは単純なノウハウの蓄積ではなく，専門職としての思考を積み重ね，それに基づく行動レベルの実践知というべきものを蓄積し，地域で共有する，ということであり，地域課題を解決するしくみを構築するということでもある。

第3節　ケアマネジャーに寄り添いたい

ケアマネジャーと共に地域作り

　介護支援専門員（以下，ケアマネジャー）は，要支援高齢者の最も近くでそのニーズや生活上の困りごとを把握している存在である。生活上の支障を少しでも改善しようと日々関わっているが，ケアマネジャー一人の力では解決しにくい，いわゆる地域課題も多々ある。

　その解決手法やマンパワーの掘り起こしと結集を模索した結果，包括がケアマネジャーに寄り添い，協働し，問題点に一緒に向き合うことで，利用者をより包括的に支えるシステムづくりが可能になるのではないかと考えた。それこそ私たち地域包括支援センター（以下，包括）がケアマネジャーと一緒に地域づくりをしようと考えたきっかけであった。

地域ケア会議実施のために行った準備

　富士吉田市では，2013（平成25）年度からの地域ケア会議推進のために2012年度から取り組みを行った。2012（平成24）年度においては，山梨県地域包括ケア推進アドバイザー派遣等事業を活用し，介護保険給付適正化事業の一環として，包括に対しては「ケアプラン点検支援の視点・進め方」について，あたご研究所の後藤佳苗氏から講義を受けた。地域包括ケアシステムの構築に向けて，適切なアセスメントに基づきプランが作成されているか，自立支援につながる計画になっているか等を保険者・包括がケアマネジャーと共に検証する点検支援の視点や進め方についての研修を受けた。

　またケアマネジャーに向けては，「ケアマネジメントのあるべき姿」と題し，マネジメントの定義や過程についてなど講義をした。法的な根拠を再確認すると共に事例演習を行い，自立支援に向けての学びが深まった。

　この後，年間を通じて，介護保険担当，包括保健師と主任ケアマネジャーが，全居宅介護支援事業所のほぼ全員のケアマネジャーと個別ケースを使ってアセ

スメント・プラン・モニタリングという一連のケアマネジメントについて一つひとつていねいに確認作業を行った。

そのような中，日々包括にはケアマネジャーから相談が寄せられ，それぞれ単発・一回完結で対処していた現状があった。入れ代わり立ち代わり様々なケアマネジャーが相談にやってくることで包括スタッフ自身が疲弊していた。また「利用者のために……」と熱心なケアマネジャーが多いという強みとグループスーパービジョン（GSV）を継続的に行っているケアマネジャーの自主グループの存在もあり，これを何とか地域ケア会議に活用できないかと考えた。

地域ケア会議をどのようにすすめるか

国や県から示される理想像としての地域ケア会議のモデル図は漠然と理解できたが，「実際どのように，どこから始めればいいのか」「1年で目的が達成できるような地域ケア会議が開催できるようになるのだろうか」という不安もあった。

そこで考えたのが，2012（平成24）年度から焦点をあてている「ケアマネジャーを支える会議」にしようということである。包括に寄せられる事例はケアマネジャーがあれこれやっても解決できないものがある。そこに含まれる問題点（認知症，独居，高齢者世帯）は，やり取りするケアマネジャーとの間では共通理解ができていた。問題が起きたときにケアマネジャーと1対1で検討するよりも集まってみんなで検討した方がより効果的だとも思った。そのため何もないところから始めるよりは，住民のことを知っていて，困りごともわかっている人たちで地域ケア会議として始めた方がいいと判断し，介護保険のキーパーソンであるケアマネジャーに焦点を絞った会議形式とした。

また，富士・北麓地域には熱心でまじめなケアマネジャーが多く，スーパービジョンの方式で自ら研修を行っているグループがあった。包括としてもスーパービジョンの手法等の理解はできていたが，それを使って地域ケア会議にどう応用すればいいのかわからない状態でのスタートであり，まずはキーパーソンであるケアマネジャーの実践力を高めることを最初の目的としてやっていく

ことにした。ケアマネジャーの力量アップがよりよい地域づくりへ結びつけばと考えた。

平成25年度の取り組み内容と地域ケア会議の目的

2012（平成24）年度の学びを拡大し、地域ケア会議に発展させた。月に1回、定期的に包括が主催し、関係する職種及び関係者で個別ケースの地域ケア会議を開催した。

地域ケア会議の開催にあたり、「困難事例を通して考える地域課題」について山梨県立大学の伊藤健次（本書編著者）から地域ケア会議の必要性やケアマネジャーの役割等について詳しく話をしてもらった。

包括としての地域ケア会議開催準備は、事例提供者の決定、事例提供するケアマネジャーへの事例作成サポート、参加者への資料配布、当日の司会・進行などを行い、役割の明確化を図った。

地域ケア会議の目的として、以下の4項目を掲げた。
① 関係者に介護予防の視点を身につけ資質向上につなげる。
② 標準化したケアマネジメントが可能になる。
③ ケアマネジャーにつながる利用者や住民の意識の底上げ（地域力アップ）につなげる。
④ 地域ケア会議による「地域課題発見機能」の役割が身につく。

この目的を達成することで、地域ケア会議で個別課題を積み重ね、地域課題へと変換して問題提起が可能となり、政策形成への提言・地域づくりのための住民への提言につなげていきたいと考えていた。

地域ケア会議の開催方法と包括が苦労した点

処遇困難な事例を中心に月に1回定例的にグループスーパービジョン（以下、GSV：スーパービジョンの一つの形であり、スーパーバイザーが複数のスーパーバイジー（スーパービジョンを受ける立場の人）に対して行うものをいう。事例を用いて行うことが多く、複数の視点から事例を掘り下げる、他者の意見を取り入れるなど、個別

のスーパービジョンに比べて,グループメンバーの相互作用を活用できるメリットがある)の手法を活用し,伊藤健次の進行により地域ケア会議を開催した。その中で事例を共有し,困難をきたしている問題のありかについて意見交換を行った。会議時間は1事例につき,おおむね3.5時間をかけていた。このように時間をかけて行うことで,本人やその周辺を取り囲む支援者像をより具体的に知ることができ,生い立ちや価値基準,根本にあるニーズを全員が共有することが可能になるように意識した会議とした。参加者には,会ったことがない事例であっても,その人の状態をより具体的に思い描けるようになることを狙った会議の進行方法であった。サービス担当者会議は担当者が課題や問題の対処方法を検討する会議であるが,地域ケア会議は問題点のありかを見つけるため,一人の人を多方面から見ることを学ぶ会議であるという両者の違いを意識した。会議の構成員としては,事例提供を行うケアマネジャー,保険者,サービス事業所,社協,包括とした。また会議の様子や進行,学びの深め方等の手法を見学できる者として各事業所から一名ずつのケアマネジャーの参加を呼びかけた。

　当初は月に1回定例開催することにこだわっていたが,事例をまとめるケアマネジャーの能力には個人差がある。そのため経過記録のまとめ方に特に時間を要した。事例の長短にもよるが,事例提供者の意向は尊重しつつ,限られた書式のスペースの中で参加者に伝わるような資料づくりに努め,事例作成の支援を行った。

　地域ケア会議への包括としての参加にあたっては,事例をきちんと読み込んでおかなければならないという義務感,焦り,また地域ケア会議の中で包括として「何か特別なことを発言しなくては」という思いもあり,会議に臨むことに悩みもあった。

　多くのケアマネジャーは,熱い想いをもって地域ケア会議に臨んでいたが,参加者によっては温度差もあり,「何とか参加者全員に熱心に取り組んでもらいたい」というさらなる義務感も生まれた。

地域ケア会議を行ったことによる成果

① ケアマネジャー，包括職員の資質向上と連携強化

定期開催することでケアマネジャーの会議に望む意識が向上し，ケアマネジャーが自分のケアマネジメントの弱点に気づく機会になった。具体的には，地域ケア会議の回数を重ねるにしたがって，事例の読み解き方が学べ，アセスメントの重要性がはっきりしてきた。さらに，GSVの手法により対象者理解の視点も身につき，ケアマネジャーがレベルアップしていると判断できた。また，回を重ねるにしたがい，ケアマネジャーだけではなく，事例提供者以外の参加者・包括もGSVの手法を自分のものとして体得し，ケアマネジメントに活かせるようになってきた。包括も一緒に成長できていると実感している。

またケアマネジャーの変化として，自身のマネジメントの分析・統合が進み，相談の内容も整理されてきている。これまで事例を提供してくれたケアマネジャーはその後の経過を随時報告してくれており，ケアマネジャーと包括のつながりが強まった。

最初のうちは義務感での開催という意味合いが強かったが，この地域にはこういう問題が多いんだな，と共有できるような会議になってきた。また社協では介護者の集いなど「できることがあるのではないか」と役割を考える機会にもなった。ほかのケアマネジャーからは，「私の事例ではこのような方法で対応している」という情報提供がなされた回もあった。包括が当初感じていた「個別に対応していくよりもみんなで共有していった方がいいのではないか」という思いを参加者自身も感じていくプロセスがあり，義務感が喜びに変化していった。

② 参加者全員への波及効果

事例提供者以外にもケアマネジメントの重要性について波及効果が生まれている。現在はケアマネジャーを中心とした会議になっているが，「事例の見方やアセスメントの仕方，利用者への関わり方などが大変参考になった。ケアマネジャーだけではなく，サービス事業所も毎回参加して一緒に勉強したい」「自分たちの支援のあり方が振り返れてよかった」「ケアマネジャーがこんなに

も勉強していることに驚いた。自分たちももっと学ばなければいけない」などの意見が参加者から聞かれ，もっとサービス事業所も巻き込んだ会議にしてほしいという要望も出されている。

　また，ケアマネジャー，包括，社協などの所属が異なる参加者が，それぞれケアマネジメント力の向上やよりよいサービスの提供，ケアマネジャーの役割の明確化など，お互いの役割を認めてより尊重し合える関係になっている。

地域資源の開発

　地域ケア会議を行ったことで，社協の「介護者のつどい」など住民サービスの開発につながるという成果が出た。また地域の中に，どんな問題点があるかということを理解し，現在行っている社協の事業についても改めて考える機会になっており，さらなる地域資源の開発につながることが期待できるようになった。また，行政との連携の重要性についても意識が高まり，地域ケア会議には，社協職員が交代で参加していて社協全体で学ぼうという姿勢が見られる。

　介護保険サービスのみでは在宅生活が満たされない方もいることから，介護保険外の生活支援サービスの重要性が認識でき，またそのニーズがあることもわかったことで，これまであまり意識してこなかった地域資源への視点を獲得することができた。

4つの目的はどうなったか？

　この1年（8回）の地域ケア会議を通して，参加者は利用者の見方やアセスメントが大事であることや，表面化していることだけではなくて「その人を隈なく見る」ということの重要性が理解できてきた。しんどい月1回の定例開催を続けたことがこの蓄積に繋がってきた。うまくできる，できないは別にして，このような視点を持った上で関わっていくことが大切ということがケアマネジャーに浸透してきた。

　効果的な地域ケア会議の実践に必要な7つの要素（第2章第2節）のうち個人や地域の実態・特性の理解，自己・他者・地域の変容課題の自覚化，個人や

地域を理解・支援するための専門性の研鑽，の3つはある程度体得できた。そのため目的①と②は達成できており，今後は，地域ビジョン（目指す姿）の共有，地域ケア会議の目的・機能の理解と共有，会議の運営の工夫・配慮，会議の実践の評価と，会議の継続をしていくことで，目的③と④を深めていこうという方向性もはっきりしてきた。

富士吉田市の地域ケア会議の今後

　これまでの会議を通じて，地域課題として独居の問題，認知症増加の問題，男性介護者へのフォローアップの問題などがあるのではないかと参加者が認識できるようになった。しかし情報は取れていて，なんとなくは感じ取っていても，それを統合・分析して全体像として描くことがまだ不十分な面もある。地域ケア会議の中で解説を受ければ理解できるが，統合・分析のトレーニング不足であるため，いざ自分のケースとなると，十分に全体像を描くことができない。サービスを組み合わせればプランにはなるが，全体像がわかっていなければ大事なものに届かず，サービス拒否が起きたりする可能性がある。また理解したことを，他人がわかるように言語化し説明する能力のレベルアップが必要である。

　今後の課題として，自分の事例を統合・分析して全体像として描き，それを言語化する訓練をしていかなければならない。

　今までの地域ケア会議では，参加者はGSVの手法により利用者をアセスメントするという視点が身につき，回を重ねるにしたがい自分のものとして体得し，自分のケアマネジメントに活かせるようになってきた。しかし，個人を見るというGSVの側面が強くなり，住みよい地域づくりに取り組むという地域ケア会議の側面はわずかであった。そのため，今後は地域ケア会議としての展開と意味づけの転換が必要である。具体的には，地域ケア会議の進行役を2人制にして，GSVで事例を掘り下げ，問題の背景を明らかにする「スーパーバイザー」と，描かれた個別課題の背景から出た地域課題を把握し，地域のしくみづくりや連携という観点で参加者から意見をもらう地域包括の進行役を作り，

それぞれ役割分担して事例を深め，それを地域づくりに活かすように進めていかなければいけない。

　また地域ケア会議として，これまでは事例の掘り下げ，問題の背景を明らかにするための解説等で3時間半を要していたが，参加者がGSVの手法に慣れてきたことから，今後は事例提示と課題設定に60分，質疑応答に30分，課題解決30分，地域課題としての検討15分，まとめと解説15分という合計2時間半の会議としていきたい。

　8回の地域ケア会議でケアマネジャー支援の形作りは整ったので，今後は地域の力の発掘・強化・共有をキーワードに，これからは関係者と"地域づくり"についてともに考えていかなければいけない。

　この1年半，地域ケア会議に参加したメンバーは，GSVで基本的なやり方を学び，共通の基盤を作って基礎的な体力をつけてきた。次のステージとして，地域ケア会議のあるべき姿に戻って，地域づくりや資源の発掘・開発，ネットワークの構築を行っていきたい。そこでこれからの地域ケア会議は，社協以外にも，サービス事業者，医療関係者，地域の人たち等も入った今よりも広がった会議にしていきたい。

　その中で，「事例を出したい」「参加したい」と思わせるような地域ケア会議へ発展させていきたい。また会議の中で"自分たちの住みたい地域ってどんなところか"を語り合えるような場にしていきたい。さらに，いろいろなレベル（実務者レベル・代表者レベル・首脳陣レベル）の地域ケア会議のあり方についても今後の課題である。フォーマルなサービスだけでは埋めきれない地域課題に対し，問題解決のみではなく，問題解決のためのシステムづくりまで考え，それを政策化につなげられるような工夫をしていくことが行政・保険者の大きな役割である。地域ケア会議の効果的な実践に必要な7つの要素である，地域ビジョン（目指す姿）の共有，地域ケア会議の目的・機能の理解と共有，会議の運営の工夫・配慮，会議の実践の評価と，会議の継続に取り組んでいくということである。

地域ケア会議開催に悪戦苦闘している包括の方へ

　地域ケア会議を始める前は何をどうしていけばいいのかわからなかった。しかしGSVという手法を取り入れ，事例を一つずつていねいに見ていくことで，成果として挙がってきた点・課題として明らかになった点が具体的に見え，今後どのように進めていけばよいのか明らかになった。苦しみながらであったが月1回開催の「個別ケースから入った地域ケア会議を開催してよかった」と今は実感している。

　また何に困っているのか，迷っているのかわからないときには，それ自体を「言語化」し自身の言葉で周囲に伝えれば，それを受け止めてくれる存在が増えてきた。言葉にすることで悩んでいることの整理がつき，同じく問題だと感じている人とも共感し合えた。地域ケア会議の中で関係者としっかりと理解し合い，協働し合うためにも"言語化"はキーワードであった。

　地域ケア会議開催に悪戦苦闘している包括のみなさん！

　とにかく個別ケースを切り口とした地域ケア会議を開催してみてください。きっとあなたの地域の進むべき姿が少しずつ見えてくると思います。

第4節　ケアマネジャーは地域包括ケアにどう向き合うべきか

　本節を書くにあたり，山梨県地域包括ケア推進研究会のメンバーである介護支援専門員（以下，ケアマネジャー）2名から聞き取りを行った。2人とも現場の実践者であると共に，山梨県介護支援専門員協会の中核として研修体系づくりや実施にも大きく関与する立場である。聞き取り結果を整理すると①介護支援専門員から見た地域包括ケアシステム推進の現状，②地域包括ケアシステム構築にあたっての介護支援専門員の現状と課題，③コミュニティソーシャルワーク（CSW）とケアマネジャー，④ケアマネジャーが地域包括ケアシステム構築において担うべきことなすべきことは何か，の4点が主な内容である。以下，この4つの点について述べながら，ケアマネジャーは地域包括ケアにどう向き合うべきかについて考えていく。

第4章　ケアマネジメントを徹底的に底上げする

「結論ありき」で進む導入

　地域包括ケアにおいては，居宅介護支援事業所のケアマネジャーが鍵を握ることは間違いない。しかし，当のケアマネジャーからすると，昨今の地域包括ケアシステムの導入の経緯は，結論ありきでゴールを先に作り，寄り道したり立ち止まったりする余裕がないものにうつる。確かに，完成予想図を見せられ，ケアマネジャーの役割は重要ですよ！　と連呼されるが，具体的に何を求められているのかが不明瞭で，何から始めれば良いのか手探りの状況が多くの自治体で生じているように思う。保険者や地域包括支援センター（以下，包括）がケアマネジャー向けに実施する地域包括ケアを推進するための会議や研修会で漂う空気は「そうはいっても何をどうしろと？」「また仕事が増える」といった，負担感だけが重くのしかかり実際にどう動けばいいのかわからない，という気詰まりなものであるように感じる。

　言葉ではケアマネジャーがキーです，とは言うけれど，具体的に何を求められているのか，そのためにどのようなしくみが用意され，その中でどのような役割を期待されているのか，立脚点が不明確であれば，ケアマネジャーも仕事がしにくい。システムをデザインする行政としては，システムで目指すゴールを明確化し，システムの中でケアマネジャーに求めるポジションを明確に示し，なおかつそのポジションを実情に合わせて柔軟に変化させることが求められる。実情を無視した固定的な運用はケアマネジャーの手足を縛り，動きを悪くするであろう。

ケアマネジャーが関与しにくい地域包括ケアシステムづくり

　ケアマネジャーからは，現在の地域包括ケアシステムづくりは行政がせっぱつまって急いで形だけを作ろうとしている，とみえる。形として見えやすい「厚労省のひな形」や「先進地の事例」が，地域の実情を勘案しないまま形だけ持ち込まれ，作り上げていくプロセスにケアマネジャーが関与できないまま，絵に描いた餅をさあ食べなさい，と言われているかのようである。現場の声をしっかり聞き，吸い上げてシステムに反映させてほしい，というのが現場のケ

アマネジャーの願いであろう。さらに，市町村毎にケアシステムに対する考え方は異なり，資源の質と量やネットワークのあり方も違う。たとえば24時間型のサービス提供は，人口が密集しているエリアでは展開できるが，小規模地方都市では採算割れで導入すら困難なケースもある。地域をまたいで活動するケアマネジャーにとっては，自治体毎の違いに翻弄される結果も危惧される。

あれこれ求められる立場のケアマネジャーとしては苦しいものがあるが，システムとして完成した物が与えられるのではなく，地域住民，ケアマネジャー，包括，行政が一体となって悪戦苦闘したプロセスが，システムとして機能するようになっていく，と考える方が適切であり，誰かが道を開いてくれるのではなく，あれこれと動き回った，その足跡が道になる，地域包括ケアシステムとはそのような性質のものだと考えるべきだ。逆に言えば，取り組んでいない部分はいつまでたってもシステムが完成しない・機能しない状態のまま残る，ということである。まずはケアマネジャーの本来業務をしっかりと固め，専門職としてのケアマネジメントを打ち出していくことがシステム作りに寄与することにつながるであろう。実践を通さずにシステムを作り上げることは無理がある。まずは個別の支援をしっかりと行い，個の支援の中に地域資源を位置づけ，活用していくことが先決である。そういう意味において，システムづくりに関与するというよりも本来業務の実践を通じてシステムづくりに寄与する，という考え方の方が第一線のケアマネジャーには受け入れやすいと考えられる。

ケアマネジャーの現状

当のケアマネジャーの立場から見た現実は，普段の仕事の際，対象者やその家族さらにはご近所までは視野にあるが，地域課題・地域づくりといっても，というのが正直なところであろう。導入を前に各市町村では，ケアマネジャーを対象とした地域包括ケアシステムを周知するための研修を行い，多くのケアマネジャーがそれに参加していることからすれば，決してケアシステムそのものがわからないのではない。むしろ意義や必要性を一番切実に感じているのは現場のケアマネジャーであろう。わからないからできない，のではない。シス

テムの意義や必要性はよくわかる。しかし，現在の自分の仕事と，そのシステムがどのように結びつき，自分の仕事がシステムの機能とどうリンクするのか，そのイメージが持てないでいる，というのが正確なところではないだろうか。そういう意味では包括や市町村の側は，システムを示して「さあやってください」ではなく，ケアマネジャーとともに地域の困りごとに直に触れて地域支援の当事者の一人として汗をかく，ケアマネジャーを支えて具体的解決につなげて行く取り組みを蓄積していく必要がある。今そこにある問題を共に解決することで双方の援助力が向上し，向上した援助力をベースとしてようやく，ケアシステムが機能していくこととなる。

　一方のケアマネジャーの側としては，まずはどのケアマネジャーでも一定水準のケアマネジメント力をきちんと身につけていることが前提となる。ベテランケアマネジャーの多くは介護保険創生期から実務を重ね，様々な実践のなかで腕を磨き，多くの引き出しを作りながら成長してきた。しかしその歩みで身につけ実施してきたことを整理し，理論に基づいて裏づけ，実践の根拠として言語化して後輩を育てるという形には至っていない。その解決能力は専門職としてのスキルというよりも，援助者本人が培ってきた人間力に依存し，勘と経験と度胸による個人技として発揮されている。その人にしかできない，その人がいなくなってしまえば消えてしまうような，○○さん固有の職人技になってしまってはいないだろうか。それを個人の専有物から地域の共有物として活用できるしくみにすることが，地域資源の活用や地域作りには欠かせない。そのためには「勘」と「経験」と「度胸」のケアマネジメントから，「解決につながる」，「根拠ある」，「動的プロセス」としてのケアマネジメントへと変貌を遂げねばならない。それには，感覚で動くのではなくそれらを言語化し根拠立てて支援を行っていく必要がある。

感覚的な支援ではなく言語化された支援が必要

　地域包括ケアでは援助者個人，事業所単位，地域の事業所単位，市町村単位の様々なレベルでの連携共同が求められるが，まずは個々のアセスメント力，

面接力，問題・課題の発見力といった具体的な援助実践力の向上が先決課題であり，その土台が強固にならない限り，連携は機能しない，というのが実務者としての実感である。個々の実践力の向上が先決課題である理由は，専門職同士であっても教育背景や専門職としての立ち位置の違いがあり，あうんの呼吸や暗黙の了解は成立せず，支援の目的やその根拠を一つひとつ言葉にしない限り各自が行う援助に齟齬が生じてしまうからである。ましてや，要介護者やその家族，地域の住民と関わっていく上では援助者にとっては当たり前のことでも，そうでない人たちにとっては受け取り理解することがたやすいとは限らない。本人や家族の力を発揮してもらうにはていねいにその人に伝わる言葉にしていかなければならない。感覚的な支援では，今何が必要でなんのためにそれぞれの支援を行っているのか，サービスを利用しているのかが見えなくなる。困りごとを解決していくには問題や課題を明確にし，言語化できなければ連携の入り口に立つこともできない。また，地域ケア会議においてもある程度短時間にきちんと解決につながる事例検討を行うには，事例提出者と参加者のうち半数程度はケアマネジメントの基礎を習得していなければ厳しい。必要な情報が把握され，問題や課題がある程度整理され，アセスメントやニーズの捉え方などの基本が共有されていなければ実りの多い事例検討は望めない。

　厳しく言えば現状のケアマネジャーによるケアマネジメントは，いかによりよく生きて死んでいくか，という人生のマネジメントいうよりも介護保険サービスマネジメントにとどまってしまっている面がある。介護保険制度は要介護者の生活を支える土台となる制度であることは確かであるが，介護保険のサービス内容だけで豊かな人生が送れる訳ではない。形だけ会議を導入するのでなく，ケアマネジメントの底上げを意図した仕掛けを組み込み，明確な目的意識の元に地域ケア会議を行う必要がある。

コミュニティソーシャルワークをケアマネジャーに求める風潮

　介護支援専門員（ケアマネジャー）の研修制度の見直しが2014（平成26）年6月2日に告示されたが，研修時間数や内容から見れば2つの柱がある。①介護

第4章　ケアマネジメントを徹底的に底上げする

支援専門員（ケアマネジャー）の入り口の研修である「実務研修」に従来任意であった「実務従事者基礎研修」が統合され内容が充実，②主任介護支援専門員に更新制を導入し46時間の更新研修を新設，これらにより，研修体系全体で87時間の増加となる。このうちコミュニティソーシャルワーク（以下，CSW）が関連する項目としては，実務研修において「地域包括ケアシステム及び社会資源：3時間」が新設，専門研修Ⅰにおいて「対人個別援助技術及び地域援助技術：3時間」が項目内容に追加，「ケアマネジメントの演習：社会資源の活用に向けた関連機関との連携に関する事例：4時間」が新設，主任介護支援専門員研修において「地域援助技術（コミュニティソーシャルワーク）：6時間」が3時間から倍増，という状況である。全体の比率からみれば大幅な増加はないものの，改定によりCSW関連の研修内容の充実が図られ，特に主任介護支援専門員にCSWの視点を求めていることがうかがえるが，研修制度全体から見れば大きな柱として位置づけられているとまでは言えない。

　地域包括ケアの導入に伴い，地域資源の開発や地域づくりをケアマネジャーに求める風潮も強まっているように感じる。特に地域包括ケアシステムの説明を行う際に，ケアマネジャーに地域への視点を求める内容が組み込まれていることも多い。しかし，求められるケアマネジャーの側からすれば，そもそもCSWの専門家として養成されたわけではなく，自らをCSWの専門職として認識していない。ケアマネジャーはコミュニティソーシャルワーカーとイコールではないし，目指すわけでもない。しかし，介護保険のサービス調整をするだけでなくインフォーマルサービスを含めた総合的なケアマネジメントを行う専門職として地域生活を支援するには地域のことを熟知し，そこにある人やモノとつながる術は身につける必要がある。それにはCSWの知見が有効である。地域にはCSWの専門家である（はずの）社会福祉協議会（社協）やまちづくりのNPO等の資源が存在するのだから，そういった貴重な存在とつながるための下地としてCSWの視点やCSWとは何かを学び，CSWの視点と意識をケアマネジメントに採り入れ，CSWの専門家や実践者と連携していけばよい。

　具体的な方策としては，ケアマネジャー，包括，社協が地域での支援活動に

おいて日常的に行動を共にし，支援チームを構築していくことであろうが，多くの自治体で社協との連携協働がしっくりといっていない，との声も聞く。まずは波長あわせと，お互いの役割理解を行うこと，そして共に取り組んでの成功体験がほしいところであろう。手始めとして，個別支援を扱うレベルの地域ケア会議において，地域づくりや地域を巻き込むことをテーマとした事例を取り上げ，そこに社協や住民グループの代表者に参画してもらい，実際のアクションプランまで落とし込む議論を行う，など，行動につながる具体的な会議の開催が望まれる。

ケアマネジャーはその会議に当事者意識を持って参加し，担当利用者が入院入所すれば一件落着，ではなく，包括につないで終り，でもなく，その人が暮らしていける地域をどう作っていくのか，ケアマネジャーの立場から参画していく必要がある。

ケアマネジャーが地域包括ケアシステム構築において担うべきことなすべきこと

現状では地域包括ケアシステムにおいて要求される力量と平均的ケアマネジャーの力量には乖離がある。地域包括ケアシステムを機能させていくには，ケアマネジャーのケアマネジメントの水準をベースアップしていく必要がある。現状のままでは自立支援の専門家として地域での生活をささえる人材としてではなく，サービス調整と給付管理だけを行う存在としてしか見なされなくなってしまう。このままではケアマネジャー不要論が勢いをましてしまう恐れすらある。その意味においてケアマネジャーが今やるべきはシステムづくりに直接参画することよりも自らのケアマネジメントの土台づくりが最優先事項であり，これまで培ってきた地域での要介護者支援の実践を言語化し，蓄積し，共有し，どのケアマネジャーでも地域での暮らしを支えられる力を身につけていくことであろう。

行政や包括はケアマネジャーに求めるものを明確に提示し，「わが町はこういう暮らしを可能にするケアマネジメントをケアマネジャーに求める」，というぶれないビジョンを掲げ，介護保険で目指す自立支援の形を明確に示すべき

であろう。そのビジョンに対してケアマネジャーは利用者や家族の困りごとを受け止め整理して、地域で暮らす上での課題を明らかにし、課題を解決するためのプランを提示するケアマネジメントで答えていく、それこそが現段階でケアマネジャーがなすべきことであろう。地域包括ケアシステムにおいてケアマネジャーに求められる力は、総合的ケアマネジメントである。サービスマネジメントを越えたその先へ進まなければならない。

第5節　自立支援に資するケアマネジメント支援

事例検討で感じる物足りなさ

　地域包括ケアにおけるキーパーソンが介護支援専門員（以下、ケアマネジャー）であることは疑いない。しかし現実問題として、介護保険サービスを組み合わせることがケアマネジメントであるかのような、サービス調整ありきの支援が少なからず見受けられることも事実である。これは、サービス利用がなければケアマネジャーの報酬は発生せず、ただ働きになってしまうことから、どうしてもサービス調整を中心とした思考になるとも考えられる。問題なのはこうした思考が抜きがたく存在し、当のケアマネジャーがそのことに無自覚であること、さらにサービスありきの視点によって利用者のニーズ把握とサービス利用の意味づけが弱いことであろう。サービスを組み合わせ、どのプランを見ても同じような「金太郎飴プラン」を作成し毎月の給付管理を行うだけでは、専門職として弱すぎる。同じように見えても、そこに明確な意味づけと達成したい理想の暮らしの形があり、それを関わる人たちが共有するところから、自立支援への援助はスタートするはずである。ケアマネジャーをサポートする立場の包括も、「何でも相談してください」という待ちの姿勢では、サポートにはつながらないし、他者の実践に入り込んでサポートをするには、他者の収集した情報を用いて間接的に事例を理解し具体的解決に近づけていくだけの力量を要求される。ケアマネジャーも包括も、共に実践力を高め合う研鑽が要求される。

筆者はこの1年，山梨県内において30ケースほどの事例検討をケアマネジャーと行ってきた。事例検討を積み重ねる中でもの足りなく感じていたのは，利用者の人生を掘り下げきれていないアセスメントであった。また同時に，事例を提出してくれたケアマネジャーは，その掘り下げきれていない部分から生じる不全感を事例検討で表出し，もっとよい援助ができたのではないか，自分以外の援助者であればもっと適切に関われたのではないか，という感覚を持っている。時間を割いて事例検討に参加するケアマネジャーは例外なく熱心な援助者である。その熱心な援助者をもってしても，サービス調整の視点が強く，利用者にとって大事にしたいことは何か，利用者からは，今，この暮らしはどう見えているのか，といった，自立支援のために不可欠なニーズ把握がアセスメントから抜け落ちている，あるいは感じ取ってはいるものの明確化されていない（明確にするためのアセスメントが行われていない），つかんでいてもそれを利用者や家族に確認していない（言語化され共有されていない）ケースは非常に多かった。このことは，ケアマネジャーがきちんと利用者に寄り添い，的確に想いを受け取っていても，どこかで自分の支援に自信を持てないことの原因にもなり，職種や組織を超えた連携を困難にしている要因にもなっていると思う。

サービスの当てはめではない問題解決を目指す

　たとえば，日中独居で自宅での入浴が困難な高齢者に対して，他者との交流，安全な入浴，栄養バランスのよい食事，専門職による定期的な生活状況の確認，といった，様々な利点を持つデイサービスは，よく用いられている。通所系サービスが自立支援に有用なことは確かである。しかし一方で，きちんとした意味づけなしに，半ば思考停止状態でデイサービスがプランに組み込まれていることも多い。確かに，閉じこもり状態にある利用者にデイサービスを導入すれば，前述したような利点を期待できる。しかし，当人が何を求めてデイサービスに出向くのかが不明確であれば，デイサービスで発揮される効果は限定的になる。受け入れるスタッフも，本人がどのように過ごせればいいのか，そのためにはどのように働きかけ，何に着目して観察し，どういうことがあればケ

アマネジャーに連絡すべきなのか不明確になる。デイサービスを利用することで，利用者の何がどうなることを目指すのか，という意味づけをきちんとして，介護計画に落とし込むことなしに連携は生まれないし，当人にとってのデイサービスに通うことの意味が曖昧であればどんなに段取りをしてサービス調整を行っても利用拒否，という事態につながりかねない。このように，連携を行うにはアセスメントによってニーズを明確にし，さらにそのことを言語化して共有する事が絶対に欠かせない。

　ましてや，ネグレクトなのか，介護力不足なのか判別がつかないような状況であれば，意味づけと言語化による共有はより重要となる。ケアマネジャーはデイサービス利用がこの人の暮らしや，もしかしたら生命を守る上での重要な位置づけにあることを明示すべきであるし，そうした伝達がなければサービス提供者側も，食事の食べっぷりや衣類の具合，体重の増減や身体の傷や汚れの有無といった重要な指標を危険の予兆としてキャッチし即座に活用したり報告したりすることはできない。このサービスを利用することが利用者にとってどういう意味を持つのか，が言語化され共有されるためには，単なるサービス当てはめ型の思考をもう一段掘り下げた意味づけを必要とする。地域包括ケアで要求されるのはサービス当てはめを超えた，掘り下げた意味づけに基づく問題の解決である。それに役立つのは問題と課題を切り分けて，問題の構造を明らかにする取り組みであろう。

個別課題から地域課題を見出すには

　本節では，第1節で取り上げた問題と課題の切り分けを基に個別の問題から地域課題を抽出することを考えてみたい。第1節では「問題」を，個々人が描くあるべき姿とのギャップ，「課題」を，状況をあるべき姿に近づけるために解決すべき事柄や阻害要因として捉えた。「問題」は，あるべき姿とのギャップとして認識されるため，ケアマネジメントの際に本人が考える「あるべき姿」，つまり当人の「こうありたい」という理想の姿をつかめなければ「問題」も明確に描けない点に注意すべきである。言うまでもなく「こうありたい」と

いう願いは本人の文脈に沿って現れる非常に個別的なものであり，同じ状況にいたとしても一人ひとり大きく異なる可能性を持つ。そのため援助者が考える「モンダイ」と一致するとは限らない。一般的に生命や痛みつながるような事柄は誰しもが認識する共通性の高い「モンダイ」であろう。[2]しかし，時には命よりも優先したい必要不可欠なもの（＝ニーズ）があるのが人生であり，「問題」は当事者の人生の中で培われた価値基準や判断基準，行動規範に沿って個別的に意味づけられるものである。また，必要不可欠なものが欠けている状態（＝理想と乖離している状態，ニーズの欠損状態）を当人が問題，として認識するのであるから，「問題」はニーズと密接に関わっていることが多い。つまり，問題を的確に把握することとは当人の考えるこうありたい，という想いを受け取ることであり，それはニーズ把握にもつながる，ということである。ニーズについてもう少し掘り下げてみると，社会福祉領域でよく参照されているBradshawによる分類[3]ではニーズは以下の4つに区分されている。なお，本節においてはニードおよびニーズを同義の言葉として扱い，引用文で用いられている部分を除き「ニーズ」と表記する。

① ノーマティブ・ニード（normative need）

規範的ニーズ，専門職が客観的に「望ましい」と考えるニーズであり，専門的見地や社会規範から導き出されるものである。

② フェルト・ニード（felt need）

当事者が感じているニーズであり，主観的で個別的なものである。wantsと同義。

③ エクスプレスド・ニード（expressed need）

フェルト・ニードが言葉などで表出されたニーズである。demandsと同義。

④ コンパラティブ・ニード（comparative need）

他者の状態との比較によって明らかになるニーズである。たとえば，その時代・地域において同じ条件にある人たちが等しく享受できているサービスを受けていない人がいる場合，その人にはニーズがあるとする考え方である。

4つのニーズはさらに客観的ニーズと主観的ニーズに区分される。一般に①

ノーマティブ・ニードと④コンパラティブ・ニードは客観的ニードとされ，②フェルト・ニードと③エクスプレスド・ニードは主観的ニードとされる。自己決定を尊重する立場では，後者が優先されるが，それが本人の利益や公共の福祉に反する場合には専門職はノーマティブ・ニードを提示してフェルト・ニードとのすり合わせを行い，合意された真のニーズを目指すものとされる。援助者側からみた「モンダイ」とそこから生じる課題に固執すると，いくら援助者がよいと思う方向に導こうとしても，当人に届かない。いくら課題を解決しても，その解決のプロセスが新たな課題を生み，根本の問題の解決に至らないことも起こりうる。前項で述べたサービスを当てはめるだけの対応では専門職の仕事になり得ないのは，このやりかたでは真のニーズに届かず，したがって根本的な問題の解決には至らないからである。

問題の構造と地域課題

これまで見てきた問題と課題の捉え方からの考えを用いて地域課題の定義を試みるならば，地域課題とは，「その地域で共通の構造を持つ問題が，地域の弱点を通じて同時に，もしくは持続的（継続的）に発生している状態において，解決すべき事柄のこと」となるだろうか。必ずしも「同一の問題」を指すものでなく，同一の構造からくる問題，における解決すべき事柄として捉えたとき，介護支援専門員の目指すケアマネジメントや地域ケア会議の方向が見えてくる。専門家目線で「モンダイ」を追及するだけでは不十分で，問題に共通する構造を見出す必要がある，ということである。この問題の構造の把握は，利用者中心の，自立を目的としたケアマネジメントには不可欠である。市町村レベルでの地域ケア会議では問題の構造に着目し掘り下げることを目的に行い，同じ構造が度々でてくれば，その構造によって生み出されている課題が，すなわち地域課題である，ということになる。そう考えると，全く別々の問題からでも，構造まで掘り下げることで地域課題が見えてくるはずである。また，構造をからみることで，いまだ問題として表面化していないが今後課題となりうる事柄を可視化し，この構造があるのなら，こういう課題が生じやすい，と推移を予

測し予防的な対応をとることも可能になっていく。さらには地域の弱点を通じて表面化すると捉えれば，問題が表れている場所には弱点につながる何かが隠れているはずであり，掘り下げるべきポイントは問題が指し示してくれることになる。このように，個別支援を掘り下げ，個のアセスメントを高い精度で行うことなしに地域課題の抽出はあり得ず，そのためには問題の構造を意識した情報の分析統合が求められる。

たとえばAさん：主介護者による身体的虐待，Bさん：入浴できておらず衣類も不潔，Cさん：血糖値のコントロールが出来ず失明寸前，という「モンダイ」があったとしよう。これらは問題としてみればそれぞれ別ものであるが，それぞれのケースを掘り下げてみたら，3人とも認知症の女性で夫以外に介護者がいない状態である，という共通点が浮かび上がったとしよう。この3つから地域課題を見出すにはどうすればよいだろうか。それぞれの「モンダイ」は明白で，それが派手で深刻であればあるほど表面化している部分に目を奪われるが，重要なのは背後にあるそれぞれの構造に着目することである。男性介護者が陥りやすい状況として，調理や洗濯といった家事スキルの低さ，地域ネットワークに入っていない，完璧主義，仕事の感覚で在宅介護を行う，などが指摘される。これらの状況が関連し合って「問題の構造」ができあがり，さらにその事例固有の要因が作用し，最も弱い点を通じて表出したのが個別の問題，ということになる。それぞれのケースで，Aさんの夫は暴力的衝動を抑えられない，Bさんの夫はこれまで家事経験がなく保清の手技を持っていない，Cさんの夫は食に無頓着で栄養の知識も調理スキルもない，という弱点を持ち，「問題」はそこを通じて表面化した，と捉えることができる。表出している問題だけを見れば全く別物だが，掘り下げれば共通する構造が埋まっており，構造からみれば，地域課題は孤立しがちな男性介護者を支援するしくみがないことであることがわかる。さらに，個々のモンダイに対処したとしても，地域課題が解決しない限り，主介護者である息子の弱点が経済的困窮であれば経済的虐待が生じる，など同じ構造から形を変えた「モンダイ」が次々と生み出される可能性が高いことも見えてくる。

第4章　ケアマネジメントを徹底的に底上げする

　問題はあるべき姿とのギャップなので当人の理想のあり方に左右され，掘り下げにくい。当人の理想が高い場合は，当人から見て低い水準にとどまり改善しないことは耐えがたいが，専門家からすればそれは当然の帰結であり，理想そのものが無理な注文であったり，逆に理想が低い場合は周囲が問題視しても頓着しない，ということが起きる。さらに個々のケースの強み弱みによって，様々な現れ方が生じ，同じように見えてもその成り立ちは大きく異なる。むしろ構造の方が整理しやすく，その構造が明らかになれば，当人にとっての問題に対して正解になりうる解決策（＝成解）を作り出すことにつながる。

　地域包括ケアにおいては，すぐには入院入所ができない状況下で，重度の独居高齢者を自宅で，最後まで自立を支え，自己実現をはかるケアマネジメントを終末期も含めて展開できることが要求される。これまでは，ノーマティブ・ニーズに主眼をおいたケアマネジメントが主流だったかもしれないが，今後は当事者のフェルト・ニーズを的確に押さえ，主張されないニーズを描き出し，言葉として共有できるかが問われていくことになる。これにはサービス調整能力だけでは不十分で，基本に忠実な面接技術とアセスメント技術が必要になる。残念ながらこれらの能力はただ漠然とケアマネジメントを行ってさえいれば高まっていくものではなく，相当なベテランでも基礎が身についていない例は見受けられる。だからこそ自らの実践を定期的に振り返り，検証し，他者の目にさらしてよりよい方向を求め続けることが不可欠となる。受容共感，御用聞きはあくまでもケアの入り口であり，利用者・家族の「こうありたい」を的確に捉えて課題解決につなげることが求められ，その「こうありたい」をわかった上で，最後に決めるのは当事者であり，当事者が自分で決めたと思える支援が求められている。本人主体を貫きつつ，専門職としてポイントも外さない，当事者と援助者の共同作業としてのケアマネジメントが自立支援につながる。

援助者の把握する「モンダイ」と当事者の「問題」は相互補完的

　注意すべきは，援助者の把握する「モンダイ」が無意味なのではなく，当事者の「問題」と相互補完的な関係である点である。援助者側の捉える「モンダ

イ」だけからアプローチした場合，妻を殴る夫はただの虐待者だし，入浴させず洗濯をせず清潔な衣類を着せることのできない夫はだらしない人だし，調理スキルがなくカロリーコントロールができない夫は病状を理解せず病気を悪化させる悪者として描かれ，援助者が描く理想の状態を阻害する邪魔者，でしかなくなる。しかし，当事者側の「問題」を把握し，問題の構造を通してこれらの事例をみた場合，夫もそれぞれの事情を抱えた存在であり，場合によっては介護者である夫も要援助者であることが鮮明になる。邪魔者か要援助者かを選別しているのは実は援助者であり，援助者自身が解決を遠ざけている場合すらあり得る。奥川幸子氏は，ニーズは「目の前の方が生きて行くうえでは必要不可欠な事柄」であり，ディマンドは「クライアントにとってはニーズと同様に大切な要求なのですがそれが充たされなくても何とか生きていける類の欲求」である，と述べ，援助者が「フェルトニーズへの感受性を磨きノーマティブニーズを描ける」ことの重要を指摘している。このように，援助者はニーズを個人の価値観，美意識を基盤にした内的世界に根ざしたものとして捉え，専門職として捉えた「モンダイ」と同時に，当人の視点と文脈から当事者の「問題」を考える必要がある。これは，従来のサービス当てはめ型ケアマネジメントから大きくボトムアップを図る必要がある部分と言える。周囲がいかに「モンダイ」視しても，当人にとってのニーズにつながる「問題」でなければ，主体的にそれに取り組むことは期待できないし，その「モンダイ」に対して周囲がいかにお膳立てしても，そのお膳立てに従って動いてくれる保証はない。むしろ，主体的で自立的な人であればあるほど，自らの意にそぐわない提案に対して表面上受け入れるそぶりを示しても，最終的には拒絶する結果となる。慎重に見学の機会を設定し本人も気に入ったように見えたのに，いざ利用となると直前にキャンセルする，などというのはその典型的ケースといってよい。こういった場合，援助者側はせっかくお膳立てしたプランを拒絶された，と認識するが当事者側から見れば「不要なものを勧められたから断った」にすぎず，逆に「この人は私のことを理解してくれない」という不満を抱いている。援助者側が「困難ケース」だと表現する状況はこうした援助者が認識する「モンダ

イ」と当事者が認識する「問題」とが一致しない「見立て違い」が生じていることが多い。自立支援というのは，専門家の見立てた「モンダイ」に当事者が従い，そのプランをこなしていくものではない。援助者が当事者の抱える「問題」を当事者の立場から見ようとしなければ，「問題の構造」は把握できず「困難ケース」は生み出され続ける。

注
(1) Elizabeth T. A., Judith M. (2010) Community As Partner, *Theory and Practice in Nursing 5th Edition*, pp.217-264.
(2) 「問題」と「モンダイ」という2つの表記を行っているのは，当事者が捉えるものと専門職が捉えるものが異なる場合があるからである。ここでは当事者の捉える問題を「問題」と表記し，専門家目線で捉えた問題を「モンダイ」と表記することで区別し，両者の食い違いについて深く考えていく。
(3) Bradshaw, J., A taxonomy of social need. G. McLachlan (ed.) (1972) *Problems and Progress in Medical Care*, Oxford University Press.
(4) 奥川幸子（2007）『身体知と言語』中央法規出版，334頁。
(5) 奥川，同前書，329頁（図7-1）。

第 5 章
多職種が本気で連携する

序

　高齢者の夫婦で2人暮らしをしていたAさん（妻）は，認知症が徐々に進み，今では徘徊等の周辺症状（BPSD）が現れ，周囲の人間と意思疎通を図るのが難しい段階にまで来ている。そこで介護をしている夫の負担を少しでも軽減するため，介護保険制度を活用しデイサービスを使う手筈となった。が，デイサービスの職員に介護支援専門員（以下，ケアマネジャー）から的確な情報提供がなされていなかったことが原因で，夫から「もう，そのケアマネジャー（事業所）には頼みたくない」といわれてしまった。完全に信頼を失ってしまったのである。Aさん夫婦の自宅は山間部のとある集落にあり，居宅介護支援事業所は知りうる限りそのケアマネジャーが所属する1軒しかないため，結局夫はケアプランの自己作成に踏み切った。ケアプランの作成は素人にとって容易なものではなかったが，「これからも住み慣れたこの家，この地域で妻とともに暮らしたい」という強い思いが，夫にそこまでさせたのである。しかしそんな矢先，夫が立ちくらみでふらついた瞬間，自宅の階段から足を踏み外し大けがをしてしまった。こうなると，妻の世話どころではなくなり，結局妻はグループホームに入所するはめになった。

　日頃から対人コミュニケーションを駆使している保健医療福祉の専門職であっても，当事者とのちょっとしたボタンのかけ違いで信頼関係が崩れてしまうことは少なからずあるだろう。しかし，このことが原因で当事者の生活が大きく変わってしまうこともあるのだということを肝に銘じてほしい。では，Aさ

ん夫婦を担当していたケアマネジャーに足りなかったものは何だったのであろうか。

Aさん夫婦との日頃の信頼関係を図ることは大前提ではあるが、そのほかに①サービス提供事業者（ここではデイサービス職員）との十分な情報共有と、②担当から外れたときのAさん夫婦のフォロー（代わりのケアマネジャーを探すとか地域包括支援センターにつなぐとか、民生委員に状況を説明しておくとか）、この2点は少なくとも不可欠だと考える。つまり、十分に「連携する」ことである。

「当事者を取り巻く関係者が十分に連携する」ことは、地域包括ケア体制を整えるための必須条件でありながら、一筋縄ではいかない難しさがある。保健医療福祉の世界では何十年も前から言われていることであるが、いまだに十分連携できているといった話はあまり聞かない。地域包括ケアシステム推進の一翼を担う地域包括支援センターの職員からは、こんな声が聞こえてくる。

① 職場内の他課・他係の職員に、いかに理解・協力してもらうか（組織内連携）

② 退院後の療養者が安心して在宅での生活を続けていくためにはどうすればよいか（医療連携）

③ 保健・医療・福祉の専門職以外の関係者（民生委員、自治会、警察、消防、NPO等）の協力を得るにはどうすればよいか（他分野の関係者との連携）

④ 地域住民はどうしたら関心を示すのか。地域組織の協力を得るにはどうすればよいか（住民の理解と協力）

本章では、「連携」をキーワードとしていながらも、単に「どう連携を図るか」という「How to？」にとどまらず、本書第2章で示された「地域ケア会議の実践に必要な7つの要素」の「①個人や地域の実態・特性の理解」と「②自己・他者・地域の変容課題の自覚化」に焦点をあて、この「内省と対話」を念頭に置いた上で、地域包括ケアシステムに欠かすことのできない保健・医療・福祉の各専門職が自分のことを「振り返り」ながら、同職種、または多職種に対してメッセージを発する場にすることとした。

第1節はケアマネジャーの立場から、第2節は医療ソーシャルワーカーの立

第5章　多職種が本気で連携する

場から，第3節では地域医療に従事する看護師の思いを集約した。また，第4節は作業療法士の立場から，第5節は筆者がアドバイザーとして派遣された自治体の事例を紹介しながら，本章全体のまとめを展開していく。

　専門職は，各々の職種や個人のスキルの違いから，強みだけでなく当然「弱み」もあるであろうし，万能な専門職など存在しえない。だからこそ連携は不可欠なのであるが，本章では教科書的な内容にとどまらず，中には少々斬新なアイデアも盛り込まれている。地域の特徴を生かした専門職の活用の仕方を考えることもできそうである。本気で取り組めば，「連携」を変に意識することなく自然とつながることができ，自分の役割を見出せる。目の前の業務に追われている中でも，「ちょっと立ち止まって今の自分を振り返る」，また，「ほかの職種がどのような考えのもとで活動しているのか」，「その中で自分の役割とは何か」，このようなことを少し俯瞰して考える，そんな機会にしていただきたい。

第1節　ケアマネジャーの立場から──地域包括ケアのキーパーソンとして

高齢者ケアにおけるキーパーソンとしてのケアマネジャー

　地域包括ケアにおいて，介護支援専門員（以下，ケアマネジャー）および地域包括支援センター（以下，包括）の職務は非常に重要である。多くの関係者がその膨大な業務に邁進しており，その努力には頭が下がる。地域での高齢者ケアにおいて，ケアマネジャーと地域包括支援センタースタッフは紛れもなくキーパーソンであり，介護保険制度は要支援・要介護高齢者を支援する土台となっている。

　地域包括ケアによって質の高いケアを行うためにも，地域住民のパワーを借りるためにも，専門職間で連携をとるためにも，介護支援専門員が援助の初期段階で，クライエントとその家族を理解し，自立支援を行う上で何が「問題」なのかを把握することが非常に重要になる。地域包括支援センタースタッフも，包括に寄せられる地域の生活者にとっての「問題」とそれを支える介護支援専

門員にとってのモンダイと,間接的に把握することを要求される。キーパーソンであるからこそ,精度の高いニーズキャッチとその言語化が重要であると言える。これら,住民に一番近い場所で仕事する職種の問題把握力が,地域の人材を巻き込むことができるかどうかを大きく変化させることになる。これを最も適切に行えるのは間違いなくケアマネジャーであり,包括としてはいかにケアマネジャーを支え,実効性の高い地域ケア会議を開催するかが問われる。

現在の介護保険のしくみでは,100％自助と共助のプランを組んだら,経営的にはマイナスになる。究極的自立のケアプランを立てると経営上マイナスになってしまうのは制度上の不備であろう。しかしそうはいっても,現状のケアマネジメントが果たして自立支援に資するものになっているかどうか,その点については議論の余地はある。ただサービスを並べただけの,どの人のケアプランも同じ「金太郎飴プラン」が横行してはいないだろうか。そのケアプランによって,本人や家族の願う暮らしは達成されるだろうか。そもそもどう暮らしたいかを受け取れているだろうか。どこを切っても同じで利用者ごとの特徴が皆無な「金太郎飴プラン」を量産するのではなく,本人が「これは私がやりたいことをかなえるためのプランだ！」と感じ,名前を伏せてあってもそのプランを関係している人たちが見れば「〇〇さんのプランだ」「私の母のプランだ」とわかるような個別性のあるケアプランを創り上げていくことが,自立支援のためのケアマネジメントの一つの指標となる。個別性があるとは,他者と同じサービスを使っているとしてもなぜそのサービスなのか,数ある中でなぜその事業所を使うのか,その利用によって利用者や家族の課題をどうクリアできるのかを根拠を持って説明できるケアプラン,ということである。そのようなケアプランが土台にあってこそ,地域の様々な職種の連携が可能になり,だからこそケアマネジャーは地域包括ケアシステムの要の存在であるのだ。

自立支援で発揮されるケアマネジャーの専門性

第4章において,サービス調整のみのケアマネジメントでは地域包括ケアで求められる自立支援型ケアマネジメントは成立しないことを述べてきた。では,

第5章　多職種が本気で連携する

　自立支援で発揮されるケアマネジャーの専門性とはどのようなものか，本項ではその点について考えてみたい。

　国民的アニメ，サザエさんに登場する出入りの酒屋，「三河屋のサブちゃん」を用いて説明すると，お店で客を待つのでなく出向いて勝手口から声をかけて注文をとる（アウトリーチ），だけでなく，サザエに「あらちょうどお醤油切れていたのよ」と言わしめる状況把握（関係形成とアセスメントに基づいた正確なニーズ予測）と，さらにはカツオから明日来客があることを聞き込んで（面接による情報収集），磯野家にぴったりな新商品，レア商品をおすすめし（ノーマティブ・ニーズや潜在的ニーズの引き出しと対応の提案），「この間の〇〇，とっても美味しかったわ。お客さんも大喜び」とフネにいわせる（ニーズの充足という結果をだす），このようなただ客の注文をさばくだけでなく客の満足度・幸福度を高める商売をすることで，三河屋ののれんが守られている。企業努力をせずに常識的な品揃えをして定価で店に並べて客の来店を待っていたらたちまちつぶれてしまう。ケアマネジャーや包括に求められるのも，相手の暮らす場に出向き，地域の様々な人材と連携して問題を解決し，最終的に相手の幸福度を高める働きであろう。

　急性期病院のように「治すこと」に特化できる環境においては，高級レストランのソムリエが店のストックの中から「特別な日の食事」や客の懐具合に合わせたワインをセレクトするように，病気という特殊な状況下での「治りたい」「痛みを取って欲しい」というある程度普遍的なニーズに対して専門的アドバイスとサービスを提供すればいいかもしれない。一方，地域包括ケアに関わる専門職に求められるのは，高級レストランのソムリエとは違う，サブちゃんのような「相手の毎日の暮らし」に根づいた「普段着の専門性」であろう。ケアマネジメントで言えば「取り組みのきっかけ」としての御用聞きの重要性（フェルト・ニーズのキャッチ）と専門職としての問題の言語化と解決（ノーマティブ・ニーズを描いて充足する）の双方が重要で，専門性をひけらかさないけど，結果としてさすがプロ，と言わしめる結果を導く，そういう専門職としてのあり方が求められている。

ここまで、自立支援で発揮されるケアマネジャーの専門性について述べてきた。ここからはケアマネジャーの基礎資格が及ぼす影響について考えてみたい。現在のケアマネジャーの基礎資格は介護福祉士の比率が高いため、ここでは介護福祉士を例に考えてみよう。介護福祉士は、「今この時」と向き合い生活に直接触れ、関わりを通じてその人の生活を支えることができる強みを持つ。しかしその長所がケアマネジャーとして仕事をする場合に弊害となっている恐れがある。介護職は生活に生じている現象に対して「触れるケア」によって「今，ここで」解決することが求められることが多い。一方ケアマネジメントでは過去と現在と未来をつなぎ、長い時間軸の中でよりよい生き方、死に方を支援する必要がある。トイレで排泄しても、オムツで排泄してきれいに洗浄してもらっても、「排泄を終えてきれいになった」という解決の状態は同じである。しかしそれによって得られる未来は異なる。「排泄物で汚れている」という現象に対しては今、ここで対応しなければならない。排泄物まみれでは尊厳を保つのは難しい。しかし、きれいにする過程が新たな屈辱を生んでしまっては、本人にとっての問題は解決しない。単に、汚れているという課題が新たな課題に切り替わっただけである。施設ケアで次から次へとオムツ交換を続けていくような環境にあるとオムツの交換こそがやるべきこと、という意識に陥りやすく、何はともあれきれいにすることが最優先で、その先に想いが向きにくい。このように日々刻々と変化する「今」に振り回されやすくその援助によって達成したい未来に意識が向きにくい構造を多くの介護職が持たされている。それをそのままケアマネジメントに持ち込んだ場合、サービスを当てはめることによって生じている現象に対応しようとするが、それによって達成される未来に目が向かない、というサービス当てはめ型金太郎飴プランの量産に陥る危険性がある。

　自身が受けてきた専門職としての教育は、想像以上にケアマネジメントに影響する。身につけてきた視点や方法論と、ケアマネジャーの視点や方法論は同一ではない。基礎資格を活かし、なおかつマイナスの影響を最小にするには自分のベースの特徴を理解し、得手不得手を意識化する必要がある。さらには連

携する様々な職種の視点と方法論についても把握することが連携を円滑にするだろう。逆にケアマネジャーと関わる職種はそうしたケアマネジャーの背景も意識し，基礎資格による得手不得手を認識して連携するべきである。

ケアマネジャーの変容課題

　住民主体の原点としての「御用聞き」は重要である。しかし，同時に御用聞きだけでは専門職としては物足りない場面もケアマネジメントには存在する。クライエントや家族に言われるがまま，忠実に支援を行っても，不全感を感じてしまう事例は少なくない。本当にこれでよかったのか。他の援助者だったらもっと良い援助ができるのではないか。などという想いから事例検討に提出される事例は多い。言われるがままでそれ以上の事をしようとしない支援では，ただのケアプラン代書屋・申請代行屋に成り下がってしまう。困っていることを言語化することは実は簡単ではなく，話し手の余力がないと難しいこともある。本当に困っているときには「何に困っているかさえわからない」し，「何に困っているのかわからない」ことが切実な問題になることもある。これらは浅い意味での「御用聞き」だけでは限界があることの現れとも言える。援助者が御用聞きの先を目指さないと自立支援のケアマネジメントや地域包括ケアは始まらない。

　だからこそ，事例検討に出されるような，援助者が何らかの形で困っていたり，不全感をもっているようなケースでは，そういった「語り得ぬこと」に対して援助者側がアプローチして，一歩踏み込むことも必要となる。しかし，踏み込むためには状況を見切れてないと，「余計なお世話」や援助者の先入観で動くことになってしまう。たとえば，子どもや地域に迷惑をかけたくない，という価値基準で動いている利用者が，そのための最善策として施設入所を自ら考えているのに，「自宅こそが最高」という自己の価値観を普遍的なものだと誤解した援助者が，在宅に固執して本人のニーズと乖離するような，援助者自身の価値観で独善的なケアに陥ることは避けなくてはならない。

　ここで強調したいのは在宅と施設という2つの価値観のせめぎ合いではない。

地域で暮すことは周りに迷惑をかけることになる，と考えてしまっている利用者は，当人が認識し選びえる選択肢の中での最善策として施設入所という決意をしたのかもしれず，「迷惑」でなければこのまま地域で暮したい，という語り得ぬことを秘めている可能性も含めてアセスメントを深め，ニーズを検討し，合意されたニーズの形成に至れるかが問われる。迷惑をかけずに暮らせる地域作り，という3つめの選択肢を示すことで，施設か在宅かという2択を問い直していく。そしてさらに支え手の限界も見据えた上での自己決定を支援することが，御用聞きの先に進むケアマネジメントといえる。

その先を目指すためには，援助者である自分に見えている場面がごく一部であることを自覚し，他のチームメンバーが押さえている当人の様々な言葉や思いを収集し，収集した情報からや当人の思考や判断基準を分析統合して，その人のストーリーを描く力を高め合うことが重要で，まさにそれを行うことができる場が地域ケア会議なのであろう。

連携の場としての地域ケア会議

事例を作成し事例検討に出すことは多くの時間とエネルギーを必要とする。事例検討に後ろ向きなケアマネジャーが少なくないのは理解できる面もある。しかし，サービス調整と給付管理しかできないケアマネジャーは，地域包括ケアでは役立たずとよばれかねない。だからこそケアマネジャーは研鑽に努めなければならない。一度なってしまえばノルマの研修だけ受講して専門書の一つも読まず事例検討もせず，ではいかに優秀で熱意ある援助者でも，感性を曇らせず腕を磨き続けることはできないであろう。その意味では地域ケア会議にケアマネジャーが継続的に参加し定期的に事例提出をすることは大きな意味がある。場合によっては御用聞きすらできずに，売りたいものだけ売る押し売りになってしまっていることが露わになるかもしれない。それも含めて，自らの実践を内省する場は絶対に必要であるし，地域ケア会議は連携の大事な母体となり得る場である。

あえて厳しくいえば利用者理解を深め，課題の解決に向けて，入手した情報

を分析・統合し，意味づけを行うことが不得手であることが，今のケアマネジャーの弱点であろう。事例検討でもこの弱点によって困難化してしまった事例は多く提出されている。まずは利用者理解の部分をきちんと身につけ，日々の援助の中で実践できるようにしていくこと，問題の構造を明確にし，ストーリーとして言語化を行うことがその対応になる。桃太郎で，「昔々，おじいさんとおばあさんがおりました。桃太郎は鬼を退治しました。めでたしめでたし」では何もわからない。桃太郎の成育歴や，鬼に荒らされることによる問題を明らかにし，その問題解決のために主人公桃太郎が何をし，彼に足りない力を犬・猿・雉がどのような役割を果たすことで補い，どのように鬼を退治（＝問題解決）したのかを語らなければ，ストーリーにならないのである。逆に言えば，事例検討の際にはストーリーとして欠けている部分に着目していけば，全体の構造が見えやすくなる。鬼に荒らされている状態における解決の形（めでたしめでたし，の条件）とはどんなことか，そもそも鬼は退治されなければいけないのか，退治するためには誰がどのような行動をとればよいのかなど，それらをストーリーとして描き，関わる人たちで共有すれば，関係者間のずれや摩擦は軽減される。

ケアマネジャーに求められるケアマネジメントの質的転換

　生活支援のサービスをつなぎ合わせれば，自宅で生活をすることだけはどうにかできるだろう。しかし自宅で暮らせるというだけでは，暮らしていくのに必要なサービスがワンパッケージで提供される施設での暮らしと何が異なるのであろうか。施設には施設の良さがある。特別養護老人ホームの職員として介護をしてきた筆者は，入所して生活が安定し人が変わったように混乱から立ち直った人も何人も見てきた。このような状態は，当人にとっての課題が生活の安定にあり，生活支援によって生活が安定し当人の「問題」が解決した場合に生じる。同時に，集団生活であるがゆえの弊害も当然ある。そのデメリットを越えて当人の「問題」を解決したり縮小させる方に働くのか否か，それは個人にとっての「問題」と同じで，何を大事にして何を理想とするかで同じ場がメ

リットにもなりデメリットにもなる，ということであろう。在宅生活で重要なのは「どこで暮らすか」，ではなく「自宅でしかできない大事な何かが叶うか」であるはずだ。自分の家で暮らしていても，地域との関わり合いや信頼関係が皆無であればそれは，在宅生活であっても地域生活とはいいがたい。当事者の目線でも問題を捉える，掘り下げたアセスメントができなければ，自宅でしかできない大事なことを守り，周囲の人たちとの暮らしを継続する，あるいはつなぎ直す地域生活は営めないであろう。今，ケアマネジャーに求められているのはそうしたケアマネジメントの質的転換である。

信頼されるケアマネジャーとは

　ケアマネジャーは，当事者が，自分のことを理解してくれたとか，やってほしいとかありがたいと実感できることを提示して初めて信頼される。このあたりは「治す人」としてのポジションが明確な医療職種と大きく異なる点である。ケアマネジャーは時間をかければ自動的に信頼を得られるわけではなく，あくまで言動ともたらした結果によって信頼される。援助者として認められるには信頼に値する成果か，あるいはそれを想像できる未来予想図を示す必要がある。当人や家族が置かれている状況を読み解き，「見立て」の精度を上げていくためにはアセスメント力の向上が必須であるだろうし，「見立て方」の転換も必要になる。援助者目線の「モンダイ」抽出に加えて，当事者目線の問題にも焦点を合わせ，当人や家族にとって「何が問題であるのか」を言語化し，それを当事者に返してすり合わせをしてくことがケアマネジメントの質的転換の土台となる。

　しかし，業務を行いながら質的転換を図るのは容易ではない。地域包括支援センターや保険者は，ケアマネジャーの変容を支援することに本腰を入れることが急務であろう。ケアプランをチェックしてあら探しをされる，と当のケアマネジャーに感じさせるような取り組みでなく，徹頭徹尾ケアマネジャーのケアマネジメントを支援する場を用意し，包括・保険者がケアマネジャーと一緒に育ちあがる場を用意していくこと，これまで蓄積してきた取り組みの良い部

分を共有し波及させること，それによってケアマネジメントの質的変容を引き出す，建設的で前向きな姿勢が地域ケア会議を主催する側に求められる。

本書の第4章で述べたように，地域課題の抽出にはケアマネジャーが「困難と感じるケース」の検討が重要である。それに加えて「うまくいった！」「関われてよかった！」というハッピーエンドのケース，成功事例についても取り上げて，なぜうまくいったのか，成功に寄与した人・モノ・制度・組織は何かを解明し，「うちの地域の必勝法」を見出し共有していくことも，大いに行うべきであろうし，それがさらなる連携の強化につながっていくはずである。

第2節　医療ソーシャルワーカーの立場から——医療現場から地域につながる

「地域包括ケアシステム」とは

筆者は現時点で，地域包括ケアシステムとは「その地域における"循環的な信頼関係づくり"をベースとした，地域の"よいところ（ストレングス）探し"」ではないかと考えている。キーワードは「信頼関係づくり」と「ストレングス」。地域内の行政，住民，専門職，関係機関など「〜まちオールスターズ」で顔が見え，気軽に話ができる関係をまず築くことで，なんでもありとまでは言わないが，大抵は受け入れられる関係をつくる。一方で社会資源を見つけ，増やし，浸透させ，行政や専門職が柔軟な対応とリーダーシップを発揮することで，それを必要とする人にコーディネートする。地域住民が住み慣れた地域で最期まで生活しやすくなり，自己実現の達成（喜びや幸せ）へとつながっていく。結果，地域包括ケアシステムが構築できると筆者は考える。自ら行動して実績を積み重ねることで信頼関係を構築し，地域診断やアウトリーチなど地域を知ることでストレングスの獲得が期待できる。少子超高齢社会は現在進行形で容赦なく進んでいるが，私たち現役世代には自覚と覚悟，責任を持って，今からできることを地域の仲間と考え準備することが求められる。それらを話し合う場，地域連携を進める方法の一つが地域ケア会議と言え，地域づくりには欠かせない。

韮崎市国民健康保険韮崎市立病院の概要

韮崎市は山梨県北西部に位置し，サッカーのまちとして知られている。地元の韮崎高校は選手権大会の常連校で，元日本代表の中田英寿氏を輩出したと言えばご存知の方も多いと思う。2014（平成26）年4月現在，総人口は3万1039人，世帯数1万2396世帯，高齢化率25.3％。韮崎市立病院は，ベッド数175床（一般141床，医療療養型18床，介護療養型16床）の二次救急指定病院で，山梨県北西部の地域医療を支えている。

筆者は2007（平成19）年4月から同病院で医療ソーシャルワーカー（以下，MSW）として勤務している。都市部とは違い，MSWが地方の医療機関で定着したのは比較的最近の話で，同病院も私が初めての配置だった。同時に医療相談室も立ち上げたが，一人職場としてのスタートで，「MSWって何をする人？」という理解を病院内外に発信することから始めたことを記憶している。それから早7年，現在では医療相談室も地域医療連携室と名を換え，MSW2名，看護師1名（兼任）体制で，チームとして日々の業務を担っている。

MSWとして気づいた「生活支援」の視点

急性期病院は「治療の場」であるため，医療行為がひとまず終了して，患者本人の状態がある程度落ち着いた後に主治医から退院許可の指示が出される。それを本人や家族に説明して退院日を決めていくというのが一般的な退院時の流れである。退院許可時にそのまま退院可能な患者がいる一方で，入院前と比べて心身機能が低下したり，家族構成（高齢者の独居など）に不安がある患者などは，退院後の生活調整をしてから退院した方がその後の在宅生活をより安全に送れる場合がある。もちろん，本人や家族の意向を尊重することが大前提だが，「退院直後に再入院となる状況は誰も望んでいない」はずであり，また入退院を繰り返す患者（特に高齢者）は，その都度「レベル低下」してしまう場合が多く，その結果，「在宅生活よりも入院期間の方が長くなる」現実がある。入院中に退院後の生活を見据え，本人や家族の現状を整理し，その残存能力の活用を含め，介護サービスなど第三者支援の必要性等をチーム内で検討し，そ

れを本人や家族へ説明し,「自己選択・自己決定」を促すことで,クライエントがより安全に在宅生活できる土壌づくりが可能となる。

筆者は社会福祉士の資格を所持している。社会福祉士とは国家資格であり,「人々の自己実現や問題解決のために社会や地域で活動する人」として位置づけられている。従って「地域活動」を行うのは必然で,厚生労働省が示す「医療ソーシャルワーカー業務指針」にも,MSWが担うべき6つの柱の一つとして「地域活動」が示されている。近年の診療報酬改定でも,社会福祉士資格を有するMSWが多職種と協働して退院調整を行うことで,「退院調整加算」,「介護支援連携指導料」などが診療報酬上に算定されている。つまりMSWには,入院中だけでなく退院後の生活支援も含めた「予防的創造的な視点や対応」が求められている。

医療機関とより円滑に連携する方法

「地域連携」において医療機関との連携は欠かせないが,それを課題とする地域が多いように感じる。「医療機関との連携・関係づくり」について,7つの視点から私見も交えて述べてみたい。

① 医療機関を理解する

医療機関も「地域資源の一つ」であり,急性期,回復期,療養型など機能が分かれており,それぞれに役割がある。また一次・二次・三次救急といった地域の救急医療体制も関係するため,まずはその理解が不可欠である。「相手を知ることからスタートすること」が近道だと考える。

② 医療ソーシャルワーカー（MSW）を巻き込む

MSWは「地域医療連携室」や「医療相談室」で福祉の専門職として配置され,地域との橋渡しの役割を担う。また医療ソーシャルワーカー業務指針や診療報酬もその根拠といえる。医療従事者ともつながりやすくなるはずである。

③ 色メガネをかけない

医療機関への苦手意識（過去の自身の経験,医療職や医療そのものへの理解不足など）があると,コミュニケーションが取りづらいことが多い。上記①,②が有

効である。

④　ギブアンドテイクの関係づくり

　病院側は，入院した時点または病気やけが後の患者情報は収集できるが，在宅時における入院前の情報は正確に把握することは難しい。それは患者や家族からの主観的な情報が主であり，仮にそれが不明確だと根底が崩れるからである。入院時に地域包括支援センターや担当ケアマネジャーから在宅時の情報提供があれば，それをもとに家族情報との整合性が図れ，病院側にとって有効な情報となる。入院時にボールを投げられれば，退院時に投げ返すのは必然で，連携も円滑になる。

⑤　キーパーソンを探す

　医療機関のなかには，MSWが配置されていなかったり，地域連携室や相談室が存在しないところもあったりする。それでも「地域との窓口的な役割を担っている人」がいるはずである。その人，もしくは日々の関わりの中から「この人なら比較的話しがしやすい，理解してくれそうだ」と考える人に相談してみるのもよいのではないかと考える。

⑥　協働して成功事例をつくる

　医療従事者（医師，看護師など）は現実主義者が多いように筆者は感じる。つまり実績を重視する傾向がある。たとえば入退院を繰り返している患者が退院するにあたり，それまでとは違う人やサービスを導入した結果，在宅で過ごす時間が増える（入退院を繰り返す回数が減る）などの結果が伴うと，「その人や組織と連携するメリット」を感じられ，同時に信頼関係も構築できる。

⑦　お互いに「感謝の意」を伝える

　一区切りついた時などに，お互いに「感謝の意」を伝える。人間は感情の生き物のため，言われたらうれしいこと，嫌なことがあり，対人援助職には欠かせない能力である。今後につながるように，またお互いが気持ちよく連携できるように，同じ時代に同じ地域で同じ志を持つ仲間として，その一言があるかないかが鍵になる。

第5章 多職種が本気で連携する

実践:「地域で暮らす会」の立ち上げ

「私は運が良い」と実感した出来事がある。それはMSWとなり1年が経過する頃,親交のあった地域の仲間2名と話す機会があり,最初は「地域の中にこんなものがあったらよいのに」など,お互いの想いや半ば妄想のような願望を語っていたが,次第に話が盛り上がり,「できそうなことから行動してみよう」となった。その後も話し合いを重ね,活動内容を作成し,かたちが形成されていった。そんな折,それが当時韮崎市立病院の非常勤医師であったN医師の耳に入り,「おもしろそうだね。一緒にやらない?」と声が掛かり,心強い仲間が増えることとなった。N医師は,自身の運営する診療所の一室を話し合いの場に無償で使用させてくれた。活動時間は夜間であったが,筆者は自分と似た考えの人が地域内にいるという安心感や心強さを感じ,同時に明日へのエネルギーをもらえる場となった。その時の経験が現在につながっている。

結果,4人で「地域で暮らす会」という団体を立ち上げることとなり,周りにも周知し,次第に仲間が増えていった。毎月1回,同じ場所で開催するミーティングは井戸端会議のようで,その場所に行けば地域の仲間と語ることができ,情報も得られ,顔見知りにもなれる。「地域のこと」を「自分事」として考え,自身ができることを行動につなげ,それを身近かつ対等な関係で意見交換できるなど充実した時間となり,とても新鮮に感じられた。参加者は,多い時は40~50人集まる時もあり,医師,保健師,看護師,住民,市議会議員,介護職,行政,社会福祉協議会(以下,社協),MSWなど様々であった。「地域で暮らす会」をスタートする以前と比べ,日々の業務がやりやすくなったと実感している。

それはある参加者の一言からはじまった

私たち専門職が知らないだけで,地域は人材の宝庫である。また能力の高い人ほどその力を活かしたいと考え,そのきっかけを探っているのではないかと思う。「地域で暮らす会」で話し合いを重ねるうちに,ある男性の参加者(以下,Sさん)から「介護者支援の会はあるが,参加者の大半は女性で,日程も

平日の昼間がほとんど。男性は仕事もあり，参加したいけどできない。男性が参加できる方法はないか」との意見が出された。それならばターゲットを男性に絞り，男性介護者を支援するイベントをやってみようとなり，韮崎市地域包括支援センター（以下，韮崎包括）へ相談し，当時の担当者も賛同してくれた。イベントを行うための根拠づくりとして，韮崎包括の協力のもと，市内のケアマネジャーにアンケートを実施したところ，市内には男性介護者が介護者全体の約2割を占めることが判明し，潜在的ニーズの裏づけができた。その後の内容を以下にまとめてみたい。

① 日程は平日ではなく，土曜日の昼間の時間帯とした。

② 名称を男性介護の会，通称「やろうの会」とした。やろう＝男，介護をやろうという意味で，少しでも興味を持ってもらえそうなネーミングにした。

③ 2010（平成22）年に第一回男性介護の会（やろうの会）を開催したところ，参加者は13名であった。管理栄養士に協力を依頼し，テーマを「毎日の食事と栄養」にした。自己紹介と普段の想いを参加者全員に語ってもらった。参加者からは「どうしても強い言い方をしてしまう」，「女性に比べて声が大きく，周りには怒鳴っているように聞こえるのでは」という不安や悩みが聞かれた一方で，「男性同士で話しができて自分だけじゃないと思えて少し楽になった」という発言もあり，雰囲気は終始和やかに進んだ。

こうして，山梨県内初の男性の会が定着していったのである。Ｓさんの何気ない一言からはじまった活動だが，男性の場合はちょっとしたきっかけやサポートで役割や居場所ができ，気づいた時にはやりがいを感じ，いつの間にかさも当たり前のようになっている場合がある。また頼まれると，「しょうがねーなー」とか言いながらも，割と嬉しそうに力を貸してくれる場合も多い。要するに，男性の特性を周囲の人が理解し，気持ち良く活動できるかどうかで，男性が「地域の貴重な戦力」へと姿を変えるのではないかと考える。

行政には，地域のストレングスの把握とサポート，エンパワメント，自立支援など住民を地域の貴重な資源や財産に育てることも求められる。それが地域おこしや地域力の向上につながる場合もある。地域の中でアクションを起こす，

また起こそうとしている人に目を向け，時に協働し，信頼関係を構築する。それを政策形成へつなげることでかたちがつくられ，その積み重ねが地域内に選択肢を増やす。専門職には，「この場合は誰にどこに相談する（巻き込む）のがよいのか」などのコツや方法や判断力を，行政には相談された時に受けとめ，向き合い，何らかの反応を返すことをお互いに心掛けて実践することが必要である。地域住民のニーズに応え，また喜ばれると行政の評価にもつながる。まさに「ＷＩＮ-ＷＩＮの関係」と言える。

目的を共有し，根拠を明確にする

「連携すること」は手段であり，目的ではない。クライエントの自己実現の達成や地域貢献のために，仲間と力を合わせて，その実現の可能性を高められるから連携する。もっと言えば，誰のために，何のためにという連携目的を明確にできると，周囲への理解や，自身の活動もより実践しやすくなる。地域課題やグレーゾーン（隙間）への対応は，そのアプローチの必要性，誰がやるかなど，「お互いが一歩ずつ踏み込んでみよう」，「〜を達成するためにチームを組んで対応しよう」と上手に議論し，誰か一人やある組織のみが負担を強いられるのではなく，地域に関係する皆で考え，実践し，解決へつなげるという共通意識を持つことで，信頼関係が構築でき，円滑な連携へとつながる。お互いの違いを理解し，受け入れ，尊重し合うことが大切である。

行動しながら考える

筆者は自分のできることから実行すること，またその時々の自身のベストを尽くすこと，この２つを常に意識している。「変化は必然」であるが，自らアクションを起こすと，不思議と周囲にも大小の変化が生まれ，小さな変化から大きな変化が生じることも経験してきた。専門職は日々の実践から気づきがあり，根拠を明確にして言動することが必要だが，考えてはいても，行動に移す人は多くないように感じる。だが実際に自身が行動しないと，「何がよくて，何がよくないのか」，「何をどう修正したらよいのか」などは身につきにくく，

考えるだけでは伝わらないため，専門職には言動で表現する能力が不可欠である。また対人援助職である以上，伝えるだけでなく相手に理解してもらうことが必要で，そのための上手な対応も求められる。行動しながら，相手の反応を観て，考え，また行動する，その積み重ねによる気づきを大切にしたい。

正解はない，だからこそ

結局のところ正解はないと思う。だからこそ自分が現状と向き合う際に，「どうしたいのか」が問われる。人生は一度きりである。やるとしたら現役世代である今ほど最適な瞬間はない。「大変そうだな」ではなく，新たな出会いがある，充実した時間を過ごせる，それを経験することで成長できる，などと考えることで，少しは前向きになれるのではないか。現実はうまくいかないことの方が多いかもしれないが，目的に向かって地域の仲間と協働する意味はあると思う。どうせならその人や地域にとってよい変化が生じるように，またその場面に出会える回数を少しでも増やせるように，微力ではあるが，クライエントや地域と向き合い「解決」へと前進できるように，これからも実践していきたい。

第3節　看護の立場から──本人中心のチームづくり

高齢者のほとんどは，何らかの病気を抱えながら生活している。高齢になるほど健康リスクを抱えることになるのは高齢者の特質であり，多くの高齢者は病気とつきあいながらやがて最期の時を迎える。

また，急速に進む超高齢社会，多死社会において，病院完結型から地域完結型の医療・介護にシフトしていく中で，医療依存度が高い高齢者，認知症高齢者等の地域での生活を支えていくための課題は大きい。2014（平成26）年度の診療報酬改定で新設された「機能強化型訪問看護管理療養費」は，在宅医療の推進を背景として，人員や規模を拡大し看取りや重症患者の受け入れを積極的に行う機能強化型の訪問看護ステーションを位置づける等，看護職への期待は

ますます大きく，医療機関や介護施設等の橋渡し役としても期待されているところである。

本節では，そんな社会的背景を踏まえて，高齢者等が住み慣れた地域で豊かに暮らし続けられることを支援するために，訪問看護を中心に地域ケアを実践している看護職の抱える課題や気づき，看護の特徴等に向き合う中で，地域包括ケアの一端を担う看護職のこれからについて考えてみたい。

なお，本章の内容は，山梨県の地域包括ケア推進研究会のメンバーとして関わった公益社団法人山梨県看護協会貢川訪問看護ステーションの所長である雨宮きよ子訪問看護師の意見，また，現場の理解を深めるために，在宅医療と緩和ケアに先駆的に取り組まれている医療法人どちペインクリニック（玉穂ふれあい診療所と玉穂訪問看護ステーションを併設）のスタッフと筆者たち編者4人とで開いた座談会での意見を主軸に置いた展開としている。

看護職が抱える課題と他職種との協働

まず，研究会のメンバーである雨宮訪問看護師の発言の一部を紹介する。「訪問看護の支援内容は，医療的なケアに限らず，年金や障害関連の申請といった様々な福祉的支援等含む生活支援そのものになっている。市町村や介護支援専門員等との連携は欠かせないが，近年は，関係者に相談をしても対応策が見出せない困難事例に悩まされることが多く，対象者の特性や制度の狭間等で既存のサービスが使えない対象者は，医療どころか衣食住の確保も危ぶまれ右往左往してしまう。そんな現状を目の辺りにして思うことは，問題の要因分析や将来的な予測が立てられるような支援体制（スーパーバイズ等）や，問題をしょうがないとするのではなく自分事として考え合い，対応策が導けるようなチームづくりの必要性である」。

ここで大切なことは，地域ケアの展開において，現場で起きている問題の解決を図るためには医療的なケアを提供しているだけでは不十分であり，生活をベースとした支援の強化が多職種とのチームづくりにより必要とされている，という現状と課題である。しかし，介護分野のキーパーソンとされる介護支援

専門員(以下,ケアマネジャー)は,看護職を含め医療職との連携に敷居を高く感じ,医療職との連携が十分に取れていないと感じていることが,山梨県が2012(平成24)年度からの2年間,山梨県介護・医療連携推進協議会を設置する中で策定した「地域包括ケアシステムの構築に向けた医療と介護の連携指針」(1)においても主要な課題として提示されたところである。

　医療法人どちペインクリニックの長田牧江総括看護師長をはじめとする看護師,訪問看護師を中心に,介護士,理事長である土地邦彦医師も参加して開催した座談会では,多職種とチームづくりをするときに,看護職の特徴等が前に出すぎてしまいうまくいかないことがある点がいくつか出された。「資格をとる際に学んできた内容から,介護ケアや栄養指導,リハビリ等をしようと思えば,あくまで学んだ範囲であるができてしまう,ゆえに余分な手を出してしまいがち」「仕事を分担することが下手,任せることが下手」「あるべき論から入りがち」「数値を追っている,処置だけを仕事としている,またはそう思われてしまっている」「専門用語を使いがち」「介護職を指導しなければと思っている」等であった。看護職は自己の振り返りの中で,他職種の方々は看護職との関わりの中で,共感できる部分がきっといくつかあるのではないか。

　複雑で多様な課題を抱える対象者とその原因背景に対する解決策を導くためには,一職種,一専門性の頑張りでは無理が大きいのが現状である。解決策を導き出すためには,地域での生活をベースとする中で,対象者本人やその家族を中心とした多職種によるチームづくりが必要不可欠であろう。チームの一員としての認識や他部門・他職種との協働について改めて考える必要性が看護職にも求められている。

看護の特徴と役割

　チームの一員としての看護を認識するために,あえて看護の特徴を問うてみたい。看護師の大きな特徴は,病気のことも,薬のことも,その対象者の身体のことも理解している点であるというように言われることが多いが,看護とは何かを改めて問い直す時,看護の使命と目的が明記された「看護者の倫理綱

領」を確認しておきたい。その前文には次のように書かれている。「人々は，人間としての尊厳を維持し，健康で幸福であることを願っている。看護は，このような人間の普遍的なニーズに応え，人々の健康な生活の実現に貢献することを使命としている」。また，老年看護について，中島紀恵子氏は次のように定義している。「老人ゆえのリスク（老化と複合する病気像，不完全な回復，それらと闘い，自立的な生活を営むには不足する潜在力と時間）をもった人々を対象とし，その個々人にふさわしい援助をすることである。ふさわしい援助とは，その人の生命と日常生活活動にとって必要なこと，まだ働けるものを選びとりサポートすることで，生命と生活を維持し，めざましうる望ましい態様（修復される健康像，時には修復の結果の死）を獲得していく看護活動をいう」。

　先に看護職のうまくない点として例示があったように，基礎教育にある臨床実習も病院主体で，そのまま病院に就職するという看護職が大半を占める中では，疾患看護に陥ってしまっている看護職が多いのも現状であろう。しかし，看護は，病気に焦点をあてながらも，その前提に人間を対象とする学問であることを問い直したい。

　厚生労働省が示す地域包括ケアシステムの5つの視点（①医療，②介護，③予防，④生活支援，⑤住まい）のうち，看護の視点は，医療に偏ってしまっているかもしれない。しかし，これからの看護にあっては，医療以外の4つの視点に目を向けることが重要であることを認識し直さなければならない。特に，予防の視点とともにセルフケアの支援を重視することが，老年看護の定義に戻る中で求められていると感じる。具合が悪くなれば入院すればよいのではなく，高齢者の自立や自己尊厳を大切に，高齢者のセルフケアを支援することが重要である。

　病気や障害などにより介護が必要になった高齢者の自立について，私たち編者とともに地域ケア会議を推進するためのアドバイザーとして2012（平成24）年度を中心に活動してきた小山尚美氏は，「他者の援助を受けながら生活すると言う意味で"自立"は難しくなっても，自らの意思で『委ねる』ことを決定できるという意味で"自律"は保たれる。老いの過程や最期に向かう各段階で，

最期まで自律した人生を全うする姿を，他世代に『いずれ行く道』として示すという役割があるのである……人は必ず老いること，加齢変化は徐々に訪れること，助け合いながら生活する術，介護を受ける立場になっても他者の援助を上手に受ける術を，すべての世代が学んでおく必要がある。地域ケア会議では住民が学び合い，共に考えるという意味での学習・啓発もその役割として期待されている。(＊ここでは，自律：自己決定できる自由があること，自立：人に頼らず一人でできることを意味する)」と述べている。[4]

医学的な観点と身体のアセスメント，そして生活者として本人が持っている能力を引き出し本人の暮らしを支えていくことが，病院に従事する看護職も含めた看護の役割として重要であると考える。

本人を支援するチームづくりの実践

もう一度，どちペインクリニックにおける座談会に戻り，本人を支援するためのチームづくりについて考えてみたい。ケアマネジャーや介護職が訪問看護師に提供してくれた本人の生活の情報が，看護のアセスメントにとても役立つという話があった。たとえば，ご飯を食べていないということが問題となっている時に，「ご飯は食べていないけど，肉まんは食べている（食べることができている）」という情報が，栄養状態やご飯を食べていないという原因等を考える有用な情報となり，医師の治療，介護職が行う食事の支援にフィードバックすることができた。本人のこのような食生活は，日頃から，生活に多く寄り添っている介護職だからこそ，把握し理解できることであると訪問看護師が語っている。

このような一例もあるように，対象者に関わる人たちのお互いの特性や立場を尊重し合い，対象者のための情報伝達（報告）をていねいに行うことにより，縦並びではなく，横並びのチームづくりを実践しているのが，どちペインクリニックのスタッフであった。スタッフの方々の行動や考えを聴く中で，どちペインクリニックには，職種に関係なく意見を言い合える，わからないことは聞くことができる，それぞれの立場での気づきを報告し合う，相手の立場に立っ

た想像力（相手がほしい，伝えておくことが利用者にとって望ましい結果となるなど）を働かせて情報をつなぐ，自己研鑽に努める等，実践を通した学び合いや理事長及び師長の理念に基づくOJTの積み重ねにより培われてきた，信頼関係と環境，チームづくりのノウハウが存在することがわかった。対象者にできるだけよい支援を提供するためのチームが，介護職は看護職をうまく使い，看護職は医師をうまく使うという立場や役割を活かしたつながりの中で自然と成り立っていた。また，このチームづくりがクリニック内だけではなく，スタッフ一人ひとりによる地域の多職種との日常的な関わりの中で活かされ，チームの輪が外に広がってきている。

本人中心のチームづくりのための6か条

どちペインクリニックのチームづくりの実践を聴く中で，本人中心の支援ができるためのチームづくりのポイントを6か条にまとめることができた（資料5-1）。

この6か条のベースにあるものは，本人を支援するために自分はどう行動すべきかということであり，本人の暮らしを支える現場目線での提案として，大変貴重なツールとなり得ると思う。

まず，本人中心の支援であるためには，本人及び家族と共有し合える言語を支援者側が用いることが大切である。本人及び家族と共有し合える言語は，多職種からなる支援者同志の言語としても最適なものと言えよう。そして，自分や職種としての判断や考えを押し付けず相手の判断や考えをまず聴くところから始める必要がある。そして，それぞれの個人や職種には強みもあるが弱みが存在することを当たり前として，自己研鑽に努めることを前提に，わかったふりをせず，わからないことはわからないと言い合えることを大切にする。あわせて，ちょっとした気づきを日頃から伝え合える関係性の構築が必要である。気づきを伝え合う背景には，伝える相手の立場に立ち，相手にとって必要であろう情報を想像できる力（人として大切なコミュニケーション力）があることが必要であり，この積み重ねが，支援者間の信頼関係をつくり，対象者への支援の

第Ⅱ部　地域包括ケアシステムを創るための3つの課題

資料5-1　本人中心のチームづくりのための6か条

本人中心のチームづくりのための6か条
〜病気や障害とともに生きる豊かな地域での暮らしを支援する〜

0. 本人・家族はチームの一員
   ※一緒に物語をつくり，チームとしての本人・家族の判断（最期の覚悟等）を導く。

1. 専門用語ではなく，本人・家族が理解できる言語を用いる

2. 自分の見立てやストーリーを押しつけない
   相手（他職種等）の見立てをまず聴く
   ※見立ての背後を考えることも大切である。

3. 解ったふりをせず，解らないことは解らないと言う
   ※お互いの限界を知る。"解らない""教えて"と言える力を持つ。

4. ちょっとした気になることを，日頃から伝え合える信頼関係
   ※顔の見える関係づくりにつながる。

5. 主治医を無視せずに，主治医の意見を聞き，主治医に意見が言える
   （主治医を巻き込める）
   ※"訪問看護師等は医師に指示を仰ぐ，
   　介護支援専門員や訪問介護員等は，
   　訪問看護師等を巻き込む"
   ということが大切である。

≪どちペインクリニック式チームづくり≫

充実につながるのである。このような積み重ねの中で，チームとして，本人・家族の最期の判断をも支えることができる。

　話を聞く中で長田総括看護師長が，「私は，連携や多職種という言葉は一切使わない。連携や多職種という言葉できれいにまとめられてしまうと，個人の本音が薄らいでしまう（求められている個人と向き合えない）」と言ったことが印象に残っている。職種が連携するのではない，連携の方法論を問うていることで本質を見失ってしまってはいないかという苦言である。現場の実践をうかがう中で，現場で必要な連携は，顔が見える個人と個人の信頼関係により成り立っているものであり，その個人である自分がどうあるべきか，どうありたいかということがなければ，支援も連携もスタートしない。ライセンスの前に，自己を内省できる人間性が問われる。本人や家族を支援するために，真摯に自分はこうありたいという思いを持ち，そのために自己を磨ける者同士がつながり得るということを，改めて，長田総括看護師長の言葉と合わせて座談会にて学び得ることができた。

看護のこれからの試み

　在宅や生活の場での看護は，医療と介護，医師と介護職が交じり合う支援の間に位置して，看護職が医師と介護職，双方が必要な情報やそれぞれの思いや考えがつながるようなコーディネート，クッション役となっていくことが，これからますます求められ，担っていくべき役割ともなるであろう。

　また，看護は実践の科学と言われ，実践活動の積み上げによりその専門性を確立してきたが，在宅又は生活の場での実践はこれからが本番とも言える。また，これからの実践は，看護職だけではなく他部門・他職種との協働により事をなすものと考える。共に現場に出向くことや研修のコラボレーション，共同研究に取り組む等，できるだけ一緒に取り組むシステムづくりが必要であり，看護職からも試みていきたいと思う。

　そして，一人ひとりの内にあって自分がそうありたいと思う状態に自らを持っていけるパワーや絶対に守るべき価値を明確にし，実行してみせるパワー，

違いを乗り越えるパワー等エンパワメントを高め合うことを大切に，看護も他部門・他職種からなるチームの一員として，病気や障害とともに豊かに生きることができる本人・家族中心の支援に努めていきたい。

第4節　作業療法士の立場から――勝手にはじめる地域包括ケア

　世界史上最速の少子高齢社会に突入した課題先進国，日本。その最前線で活動する筆者ら専門家は，国から示された地域包括ケアシステムや地域づくりの抽象的なビジョンにとまどい，具体的なアクションにつながらず閉塞感を抱いているのではないだろうか。

　今，必要なのは，従来の専門家の枠を超えた新たな境界線を自分で引き直し，行動することである。本節では，作業療法士として組織で働いていた筆者が「デザイン」という他業界の考え方を学び，一歩踏み出した高齢社会を面白くする活動を紹介し，地域づくりの参考にしていただきたいと思う。

専門性を高める

① 組織での作業療法士の活動

　筆者はリハビリテーション（以下，リハビリ）の専門家である作業療法士として，リハビリ専門病院に10年勤務した。その後は同グループの訪問リハビリ事業所の立ち上げや老人保健施設の入所・通所部門，デイサービス，特別養護老人ホーム，有料老人ホームなど病院以外の高齢者に関わる部門に4年勤務するなど，高齢者リハビリの現場を網羅した。

　当時は担当の患者や利用者が自宅で自分らしく暮らせるようにと，退院前の家屋調査や在宅で必要とされるリハビリに力を入れた。また，病院や施設全体の車いす環境を見直し，すべての患者・利用者が体の状況にあった車いすが使える横断的なシステムを構築するなど，作業療法士としての専門性を高めてきた。

第 5 章　多職種が本気で連携する

② 専門性と組織の狭間

　医療制度改革による疾患別リハビリテーションや回復期病棟の導入で急性期・回復期・生活期など，機能分化や専門性を深める方向に進んだ。組織としては経営が成り立つことが最重要課題であるので，当然ながら効率のよい診療報酬の請求を優先する。病院では半日程度かかる家屋調査の実施は困難になり，訪問リハビリテーションでは収益性の面から利用者の目標が達成しても継続することもあった。筆者自身も訪問リハの利用者から「通っていた水墨画教室は，訪問リハと時間がかぶるので辞めました」と話され，筆者のやっていることは本末転倒ではないかと疑問に思ったことがある。

　組織で働く時に，専門家としての立場と組織人としての立場の2つがある。それが同じゴールを目指すのならば強い力となるが，方向が違うと専門性と組織の狭間でどのように自分のバランスをとるのかが難しくなる。

③ 公私混同のススメ。専門家の常識と限界を知る

　そんな自分のあり方を考えた時に，専門家の常識は世間の非常識であることに気がついた。従来のリハビリの構造は，医療保険ではけがや病気をしてから医師の処方がでてから初めて開始できる。介護保険では，それに加えてケアプランの作成や契約などの手続きが加わる。いわば「転んでからのリハビリ」であり，住民が「何となく足腰が弱くなったが，どうしたらよいのか？」などと気軽に相談できない構造である。

　筆者自身が一人の住民の視点で考えると，病気やけがなど「転んでからのリハビリ」も重要だが，そもそも病気やけがを予防する「転ばぬ先のリハビリ」はないものかと思った。専門家の視点も重要であるが，同時に顧客と同じ目線に立ち，よい意味で公私混同して業界の状況を俯瞰してみることが大切である。

専門家の常識を疑い，自分の境界線を引きなおす

① そもそも，その境界線は誰が引いたのか

　しかし，保健・医療・福祉の分野で働く専門職の多くは，制度がなければ働けないと考えている。リハビリスタッフには医師の処方がなければ仕事ができ

ないという境界線が明確に存在し，筆者もその枠に縛られ閉塞感を感じていた。そんな頃に働きながら学ぶ通信制の建築の大学へ入学し，デザインを学び，衝撃を受けた。

「仕事がなければ，つくればいい。」建築家の安藤忠雄氏の言葉である。今では世界的建築家である安藤氏も独立当初は仕事がなかった。無名の頃，空地を見つけては勝手にこんな家を建てたらよいと地主に提案しては追い返され，大阪の駅前のビルも屋上緑化したらよいと市役所に図面を持って行っては追い返された。それが今では，建築の世界的な賞を数多く受賞しているだけでなく，東京湾の埋め立て地に子どもたちと植樹する「海の森プロジェクト」や東日本大震災で親を亡くした子どもたちの学びを支援する「桃・柿育英会」などの建築の枠を超えた活動を展開している。

同時に，「勝手に広告」という書籍にも出会った。お菓子の箱をビルや建物に見立てて街をつくった広告や，牛乳石けんをいくつも並べ牧場のようにしつらえた広告など，企業から頼まれていないにもかかわらず，勝手に企業や製品の世界観をブラッシュアップした広告を作っている。筆者は，仕事になるかどうかより「やりたい」という想い，そしてそれに注入した膨大な時間と労力に大きな衝撃を受けた。

これらのデザインから学んだのは，勝手に提案する自由である。誰かが仕事を作ってくれるのを待つのではなく，自分が大切だと思うことや面白そうだと思うことを顧客や組織，社会に提案し，仕事をつくり，自分の境界線を広げるという今までと正反対の攻めの姿勢であった。

② 一人からはじめる。今，できることからはじめる

「そもそも転ぶ前に手が打てないか」という気づきは，実際に地域住民からのリクエストがきっかけである。筆者が行っている田富荘デイサービスセンターの利用者から，自宅での生活に困っているので訪問してアドバイスしてほしいとの要望があった。すると他の利用者や介護支援専門員（以下，ケアマネジャー）からも同じように訪問してアドバイスがほしいと依頼があった。ほどなくして南アルプス市の地域包括支援センターから，独自の事業として訪問型介

護予防の依頼をもらい，実施した。はじめの一歩は，一人の困りごとであるが，同じように困っている方は大勢いることに気がついた。

相談の多くは，「病院にかかるほどではないが，何となく足腰が弱くなって転びそうだが，どこに相談すればよいのか？」「手すりをつけるなど自分の体の様子にあった住宅改修が必要そうだが，どこに提案をしてもらうのがよいのか？」「家族での介護が大変になってきた。何か工夫はできないか？」というような，身体機能・体にあった福祉用具や住宅改修の評価・適合，家族の介護負担軽減の提案，適切なリハビリサービスの紹介など，漠然とした不安を整理し介護予防につながるアドバイスを求めていた。

そして実際に訪問をしてみると，リハビリの基本的な知識と応用力があれば解決できる問題が多い。筆者は自分自身のリハビリという資源の提供を，病院から地域へとフィールドを変え，できることからはじめただけである。地域で活動するリハビリ専門職が増えれば住民の介護予防だけでなく，医療保険や介護保険の適正利用にもつながると実感した。

③ 転ばぬ先のリハビリ相談の構築。そしてフリーランスの限界

筆者はそれまで務めていた組織を退職し，フリーランスとして活動を始めた。地域包括支援センターなどを経由して地域住民に必要な時に必要なリハビリ相談を継続的に提供できるように，RehaBank® という訪問型介護予防の「転ばぬ先のリハビリ相談」という事業を立ち上げた。山梨県でもリハビリスタッフを市町村に派遣できる登録制度を作った。

しかし，そのシステムは活発に運用されているとはいえない。予防により医療保険や介護保険の負担軽減につながるにもかかわらず，地域住民にこのシステムが十分伝わっていない，市町村担当者の考え方や予算に影響されるなど様々な課題を抱えている。筆者は，システムを作っても顧客である住民に直接伝えられない，実施の可否を自分ではコントロールできないことから，フリーランスの限界を感じた。顧客に直接伝えることができ，サービスの提供からフォローまでを自由にできる株式会社の設立へと舵をきることとした。

第Ⅱ部　地域包括ケアシステムを創るための3つの課題

ほしい未来はつくればいい

① 日本の課題をクリエイティブに解決する動き

　日本は課題先進国である。筆者が80歳になる2050年は若者と高齢者の割合がほぼ1：1になり，明るい未来が待っているとは想像しにくい。しかし，すでに自分たちがほしい未来をつくろうと様々な活動が始まっている。アートで過疎地の高齢者を元気にする越後妻有アートトリエンナーレ，高齢者が集める葉っぱを売ってビジネスにした株式会社いろどり，ほしい未来をつくるためのヒントを共有するウェブマガジンの greens など，様々なソーシャルデザインの視点と行動である。従来の考え方にとらわれず，課題をどのようにクリエイティブに解決していくかを考え実践した秀逸な活動である。

　さらに，内閣府のクールジャパンムーブメント推進会議でまとめた2014年のクールジャパン提言（コンセプトディレクター，太刀川英輔氏）では，従来のアニメやコンテンツを輸出するだけのイメージを刷新し，「世界の課題をクリエイティブに解決する日本」をミッションとしている。日本は課題先進国として，(1)国内の成長を促す，(2)国内と海外をつなぐ，(3)世界に役立つ日本へ，と3つのステップとそれぞれのアクションを提案している。少子高齢化だけでなく，官公庁のクリエイティブ化，海外と活発に交流できるしくみなど具体的かつ挑戦的な内容であり，高齢社会の最前線で活動する筆者たちの大きな指針になり，勇気を与えてくれる提言である。

　そして筆者たちは2014年，「斬新は発想と行動で，高齢社会を面白くする」をミッションに掲げたデザイン会社，株式会社斬新社®を設立した。ほしい未来はつくればいい。はじめの一歩である。

② 人が動くのは，「やらねば」より「やりたい」こと

　筆者たちは，高齢社会が面白くなるには人が集まり自発的に動くしくみが重要だと考える。義務感にかられた活動は長続きしないし，面白くない。そもそも人が自ら動くのはどんな時なのかを自分自身を振り返りながら分析した。

　人が動くモチベーションの一つは，「やらねば」ならないことである。震災や大雪，生活習慣病の予防，運動不足など恐怖や不安，不満などのネガティブ

な状況を排除する活動である。これらは目標が明確であるため短期的で強い団結力のある活動がみられるが，非日常的な活動のため目標達成後の分散も早い。たとえば，2014年2月に山梨県における未曾有の大雪災害である。雪に慣れていない地域に一晩で1m以上の積雪があり，道路や鉄道はすべて利用できなくなり陸の孤島となった。住民が協力しなければならない状況が作られ，普段，挨拶程度のアパートの住民と力をあわせて雪かきをしたり，どこからともなく重機を持ち出して道の雪をかいてくれる会社の方と話をしたりと，非日常的なコミュニケーションが各地で生まれた。しかし，現在でもその交流が続いていることは皆無に近いだろう。

　もう一つは，「やりたい」ことである。趣味や習い事，祭り，生きがいなどの「楽しい，美味しい，面白い」ポジティブな体験を獲得する活動である。これらは必ずしも明確な目標はなく，強い団結力も求められないが，目標達成は通過点であり活動が広がり続ける。たとえば大雪が日常的な東北地方では，「スポーツ雪かき」なる大会を開催したり，「地吹雪体験ツアー」では津軽の地吹雪と地元の料理を楽しむツアーを25年継続し，ハワイや台湾などから1万人が訪れている。雪や寒さというネガティブな要素を，そこにしかない体験や資源としてポジティブに転換し，人が「やりたい」と面白がって集まるしくみを作ることで継続している活動である。

　以上のように，「やらねば」と「やりたい」というおおまかに2つのモチベーションがある。「人間は楽しいことに，自ら進んで行動を変える」（The Fun Theory, Volks Wargen）にあるように，「やりたい」と思う活動は自然と人間の行動を変える強さがある。地域づくりは息の長い活動であり，いろいろな人がつながることで多様性が増して広がりを生むため，「やりたい」というしくみをつくることが重要なポイントになると思われる。

　弊社は高齢社会を面白くするデザイン会社なので，当然ながら「やりたい！」しくみをつくり，人と人がつながりクリエイティブに課題を解決していく方針である。

第Ⅱ部　地域包括ケアシステムを創るための3つの課題

勝手に地域包括ケア，はじめます

　株式会社斬新社®（以下，社）では，まず地域での個別支援の充実として，先に述べた訪問型介護予防「転ばぬ先のリハビリ相談」を展開している。このRehaBank®事業は，早い段階で廃用症候群の改善や転倒予防を図ることで，再び地域社会に戻ることを目指している。課題は，地域住民の窓口である市町村がこのようなシステムを今後の介護予防の事業計画に取り入れるかどうかである。

　次に必要なのは，人が集まりたくなる場である。社では，生きがいづくりのリハビリ特化型デイサービス「ソーシャルデイ　ひと花」と，ハーブティー専門店のカフェ「花茶園」という複合施設をオープンした。本来，デイサービスもカフェも「人が集まる場所」であるが，デイサービスは「集まる」機能を有効に活用しているとは言えず，地域とも隔離している。しかし，その「集まる」機能を有効に活用し，人と人がつながり，クリエイティブ活動が起きる場所にデザインすることで高齢社会が面白くなるのではないかと考えている。

　ひと花のリハビリは，筋力強化や日常生活のできることを増やす従来のリハビリだけではない。むしろ今まで大切にしてきたこと，本当はやりたいこと，あきらめてしまったこと，一人ひとりの人生の文脈に想いを馳せ，生きがいを一緒に探し，挑戦することに重点を置く。当然，オーダーメイド型のリハビリプログラムであり，自分で一日の過ごし方を決める自己選択・自己決定を基本とする。その個人的な目標を，家族や地域，遠くの誰かとつながるしくみにすることで意味のある作業活動となり，「生きがい」につながると考えている。

　社には，地域の方から頂いた釜が来るべき出番を待って鎮座している。

　50年ほど経つその釜は，ところどころタイルの割れや金属部分のさび落としなど修復が必要である。利用者さんの中から，この釜が気になり修復したいと望む方がでてくるであろう。そうなったら，まず道具を揃えることから始まり，脳をフル活動してチラシを見比べ，安くてよいものを買いに行く。修復をはじめ，手を動かし，体を動かす。修復した釜の火入式を執り行い，一言を頂く。釜で美味しいお米を炊き，近所の住民や子どもたちに振る舞う。美味しいと感

謝され，よく修復しましたねと声をかけてもらう。他にも，カフェとゆるやかにつながったウッドデッキの木陰で好きな本を読みながらカフェのお客さんと話をしてもいいし，得意な手作業で近所の子どもたちと木製のおもちゃを作ってもいい。プロレベルの編み物の腕前を，地域の女性に伝授してもよい。

現在行っている「リメイクセーター」は，手編みのセーターの持ち主が編み物が得意な利用者に今ほしいものへとリメイクしてもらう活動である。亡き祖母に編んでもらったセーターを手袋へリメイクを依頼した地域の女性は，「私のおばあさんと今回編んでくれるおばあさんのいくつもの想いが重なり，暖かい気持ちで一杯です」と話す。編み物をしている利用者からは，「はじめはほどくなんてもったいない，と思ったが，新しいものにして使えた方が編んでくれた方の想いも生きてくる」と話す。この他にも東北と山梨の写真好きが地元の風景を紹介しあい遠くの友人をつくる「写真文通」や，利用者が普段取り組んでいる活動を披露し，家族や友人，担当のケアマネジャーなどをもてなす「お茶会」などを行っている。

活動自体は何でもよいのだが，自分が「やりたい」と思う活動を，家族や友人，ご近所などにつなげるしくみをつくることが生きがいになると考えている。

また，併設のカフェでは「ひと花教室」と称し，希望するデイサービス利用者や地域住民が参加できる専門家によるワークショップを企画している。たとえば，珈琲専門店の店長による「美味しい珈琲の淹れ方講座」では家族や友達に美味しい珈琲を淹れることを通してコミュニケーションのきっかけにしたり，司法書士による「家族へのお手紙の書き方講座」では本人も家族も実は困っている「死」について手紙という肩肘張らず法律的にも対応できるカタチで整理することで最後まで自分らしく生きるきっかけとしている。この他，参加者のニーズによるが，薬剤師による「お薬講座」や建築士による「ゆたかな住まいの講座」，ドイツ靴専門店による「転倒予防のフットケアと靴選び」など様々な「やりたい」プログラムを用意する。個人の生きがいを掘り起こし，それを地域とつなげ，誰かに喜ばれる関係性を取り戻す，そんな高齢社会を面白くする場を展開していく。これらの活動は，すでにあるニーズと専門家などの社会

資源を「やりたい」というスパイスでつなぎあわせただけである。
　以上のように，株式会社斬新社®では高齢社会を面白くするミッションの元，「やりたい」「面白そう」「生きがいになる」という切り口から個別事例から地域へとつなげる活動を行う。誰から頼まれた訳でもないが，結果的に地域包括ケアシステムの一例になりそうである。

地域包括ケアシステムを面白くはじめる5つのポイント
　① 公私混同して，地域を見つめる
　まず一人の住民としてこの地域に住みたいか，自分目線で地域を見つめる。自然と専門職としての視点も加わり，地域の魅力や課題が浮かび上がる。
　② 浮かび上がった魅力や課題を語り合い，想定外の世界を知る
　職場の仲間，友人，家族，近所など話しやすいところから，お互いの思いを語り合う。ターゲットの地域に御用聞きに行く。想定外の地域の魅力や課題を知る。
　③ 専門職としての自分ができること，できないことを整理する
　専門職の自分が今すぐできることは，できるところから始める。できないことは，誰かに頼もうと頭の隅に置いておく。
　④ 日頃から，地域の面白い活動や情報，人財をストックしておく
　地方新聞，ローカルテレビ，ラジオ，口コミなどから面白い情報を集める。面白い活動や人財に連絡を取る。その人からまた面白い人を紹介してもらう。
　⑤ 「やるべき」よりも「やりたい」活動を仕掛ける
　個別課題を地域づくりに展開する段階で，「やりたい」と思える活動に変換する。「やるべき」では，自分自身も地域も続かない。肩肘張らず，楽しみながら個別支援から地域づくりにつなげる。それがこれからの高齢社会に対応していく唯一の方法に思えてならない。これからも，いろいろな地域や職種，住民の方とつながり，軽やかに高齢社会を面白くしていきたいと考える。

第5章　多職種が本気で連携する

第5節　地域包括ケアシステムに必要な連携とは

　「ご近所の皆さんにはこれまで大変迷惑をかけてしまい，申し訳なく思っています」。
　認知症の妻を，在宅でこれまで懸命に介護してきた夫の言葉である。妻は決まった時間に家を出ては，行きつけのスーパーでお決まりのモノを手提げ袋に入れ，代金を払わないまま帰ってくる。勝手に持ち帰ったモノの代金は，あとで夫がスーパーに届けるというシステムである。店員さんたちが容認していたこのことをあとで知った店長は，二度とこういうことがないよう夫に強く言い聞かせた。妻の徘徊は近所でも有名で，通りかかったパトカーに保護され自宅に送り届けられることもしばしば。その都度，警察官からはグループホームや老人ホームへの入所を勧められたという。近所からは「交通事故にでもあったら……」「こんなに暑い中，熱中症にでもなったら……」と，一見心配してくれていそうで，なんとなく厄介者扱いをされてきた。それでも夫は，妻にとって住み慣れたこのまちで一緒に暮らすことを選び，ここまでどうにかこうにかやってきたのである。
　県外に嫁に行った娘には，できることなら迷惑をかけたくない。近所の方々に対しては「ただただ見守っていてほしい」と願うそんな夫に，地域包括ケアに携わる者として冒頭のような発言をさせてよいのだろうか。夫婦が「住み慣れたこの家，この地域で一緒に暮らしたい」のであれば，専門職として可能な限りその思いを実現させたいものである。ここで登場したスーパーの店長や警察官，夫婦を取り巻くご近所の方々みんなが，夫婦の本当の思いに耳を傾け，各々の立場で「何ができるか」を共有する場を持つことがいかに大切かが，おわかりいただけるのではないだろうか。これは，本章の序で紹介した夫婦の事例である。

第Ⅱ部　地域包括ケアシステムを創るための3つの課題

連携に関するこれまでの流れ

　核家族世帯が主流になり，一人暮らしの高齢者や高齢者夫婦のみの世帯が増え続けるわが国において，かつて日々の営みとしてなされてきた介護や看取りを家族のみで請け負うには，人の手があまりにも足りない。介護を必要とする療養者のいる家庭の大半は，介護保険サービスを最大限に利用しながらも，日々綱渡りの介護生活を送っている。いつ再び入院になってしまうか，いつまで自分が面倒を見られるのか，という不安を抱きながら。このような現状の中で，国は，地域ぐるみで在宅介護を支援するしくみづくりを提案してきた。比較的元気なうちに近隣住民との関係をいかに円滑にしておくかが重要で，自ら進んで地域に溶け込んでいく覚悟が必要なのだと。

　国で提案している地域包括ケアシステムは，医療サービスや介護サービスを受ける利用者側，つまり地域住民の視点を強く打ち出している。この背景として家族や地域社会の変貌，疾病構造の変化等が大きく関係していることは本書の第Ⅰ部で述べられてきたことであるが，特徴として改めて強調したいのが，単に医療・介護サービスの提供のあり方を検討するにとどまらず，より広い意味で「地域機能の維持」や「社会資源の活用」という観点を大切にしている点にある。厚生労働白書には「地域機能を維持していくためには，〜（中略）〜新たな公共等と協働しながら，地域におけるつながりを再構築するとともに，地域包括ケアの実現等によりコミュニティと連携した生活保障の基盤を構築することが重要である」と記されており，関係者間やコミュニティにおける連携の重要性を示唆している。

　「連携」とは，お互いの強みと弱みを理解し合った上で，お互いの機能を補完し合うために行うものであり，連携自体が目的ではない。しかしいつになっても連携がうまくいかないのはなぜだろうか。地域包括ケアシステムを推進していく側が，他者と連携する際に意識すべき心構えや姿勢について，筆者がアドバイザーとして関わった2つの自治体から得たヒントを伝えていきたい。

まずは顔を突き合わせる

　山梨県中央市における地域包括ケアシステムを推進するにあたっては，行政組織内各課の関係者間で，「中央市の目指す姿」をまず共有することからはじめた。ここで言う「関係者」とは，地域包括支援センターの専門職と事務職，地域包括支援センターが置かれている介護保険課の課長，そのほか地域包括ケアシステムを作り上げる上で関係するいくつかの課（行政保健師が中心となる健康推進課や国民健康保険課），独自の福祉事業を展開している社会福祉協議会の職員であった。ここに，県と保健所の保健師も加わった。市の総合計画に改めて目を通しながら，目指すべき将来像のイメージを共有していった。その後，国保の医療情報を含め地域診断を行い，中央市の高齢者世帯の実態や介護保険給付の実情を整理した上で，地域包括支援センター運営協議会にその概要を提示した。運営協議会の委員は，地域の開業医や介護支援専門員（以下，ケアマネジャー），地区組織の代表，住民の代表等から構成されている。中央市は平成の大合併で，玉穂町，田富町，豊富村の3つが合併して今の市になったのだが，その旧町村ごとに小地域ケア会議を開催する運びとなった。そこには自治会の会長・副会長，ことぶきクラブ（老人クラブ）の代表，民生委員や愛育会等の地区組織にとどまらず，ケアマネジャーや開業医，歯科医，寺の住職，交番の警察官，在宅療養者を抱える家族，ボランティア団体，商工会などが参画した。会議に参加した人たちは口を揃えて「この話し合いに参加してよかった」と言い，今も定期的に話し合いの機会が設けられている。旧町村ごとに地域特性や住民気質が異なること，住民がこれほど地域をどうにかしたいと考えていることを知った行政職員が一番驚いていた。

　山梨県市川三郷町では，いくつもの問題を抱えるいわゆる「多問題事例」に対し，関係者間で月に2度処遇検討会を開催していた。この会議は，地域包括支援センター職員を核に，ケアマネジャーや社会福祉協議会，司法書士，地区組織等も参画している。現在ではこれを地域ケア会議に発展させ，個別事例について「なぜこんな生活を送っているのか」，「なぜこうなってしまったのか」にとどまらず，「その背景に潜む共通要素は何か」，「同様の家庭が地域に埋も

れているのではないか」,「これらの事例を未然に防ぐために町で取り組むべきことは何か」と,個別課題から地域課題を浮き彫りにする意識を高めていった。その結果,市川三郷町では現在,地域の開業医を巻き込んだ高齢者支援ネットワークや虐待防止ネットワークが構築されつつある。また,ここ最近では,地域住民が本当はどうしたいのか,何を求めているか,について年代別に情報収集をするため,社会福祉協議会を中心に旧町村ごとに地区懇談会を開催しているところである。地域包括支援センターの職員もこの場に積極的に参加したのだが,これは将来的に小地域ケア会議へと発展していくと筆者は確信している。

ここで伝えたいことは,中央市で行われた行政組織内での話し合い,運営協議会,小地域ケア会議,また市川三郷町の処遇検討会のどれも,関係者が直接顔を突き合わせて話し合っているということである。メールや電話のみでは得ることのできない関係性が築かれ,これが地域包括ケアシステム推進の第一歩であることを,身をもって体験した。

もう一つは,平成の大合併前の旧町村単位で話し合いの場を持ったことである。合併に伴い,わがまちへの愛着が薄れている中,今一度住民一人ひとりの愛町心を湧き立たせるためには,そのまちの歩んできた歴史的文脈を大切にする必要がある。当然,顔を付き合わせての話し合いである。

連携という視点から見た地域ケア会議の意義

連携を図ることがいかに難しいことか,その理由を3点挙げるとすると,1つ目に,そもそも連携とは「関係性」を示す言葉であり,誰と誰がどのような状況でどれだけの頻度でどのように関わるか,切り口によってその枠組みが変わってくるため,何をもって「連携できた」とするか,判断が非常に難しい。また,異なる組織や職種間で情報を伝達する場合,職種ごとの専門性や職能の相違のほか,これまで受けてきた教育のバックグラウンドや思考のロジックが違うため,同じ療養者に対してもその観察ポイントや必要な情報の切り取り方が異なる。また保健・医療・福祉専門職の多くは,自分の職種や職域以外のことに関しては案外知らないことが多いという事実も否めない。

2つ目に，連携は，常に変化する人間関係の上に成り立ち，そのときどきの関係者やタイミング，もしくはイニシアチブをとる人間の気質，連携を図ろうとする地域の特徴や歴史的文脈等が絶妙に絡み合うため，非常に不安定なものである。一時的に連携できたように思えてもそれを維持・継続していくことは難しく，ほかの地域での成功例をそのまま真似たところで，まず成功しない。地域の社会資源の分布，人口や地勢，地域組織の意識や取り組み状況等はそれぞれで，どのような形がベストかは地域の数だけあると言っても過言ではない。

　3つ目に，連携は多重構造になっていて，たとえばケアマネジャーと地域包括支援センター職員のみが連携できていたとしても，それが一部分の連携である限り，あくまで地域包括ケアシステム構築のための要素にすぎないということである。地域包括ケア推進に必要な連携とは，外に広がる「ネットワーク」を構築し，各関係者が網目のようにつながることが，真の地域包括ケアに近づく第一歩であると筆者は考える。

　以上，連携が難しい3点の理由を挙げてみたが，これらを打破する手段の一つが，地域ケア会議である。各々の地域に必要な連携の形を関係者間で話し合いながら，共通言語化を図り，関係性の継続とさらなる強化，また，開かれたネットワークを構築していくのである。国で地域ケア会議を推し進めているため，つい「会議すること」を目的にしてしまいがちであるが，「そこで生活しているその人が本当は何を望んでいるか」，また「その人がより生活しやすい地域とは何か」を，チームで考えるところに醍醐味がある。言い換えれば，地域ケア会議は「解決の糸口を探る場」であると同時に，「気持ちを共有できる仲間の存在を感じられる場」でもある。

自身の役割を理解し，連携すべき相手に的確に伝える

　先ほどの中央市と市川三郷町の地域ケア会議実施のための取り組みが一つの成功例とするなら，その共通点の一つとして，話し合いの初期段階から地域の開業医を交えていることが挙げられる。地域包括ケアシステム構築に不可欠でありながら，多くの関係者が困難だと思いがちなのが，医師・医療機関との連

携である。

　在院日数の短縮化により，必然的に「治療のための医療」から「地域生活を支えるための医療」に変わりつつある。これは，患者の意識の変化や世の中の流れとして，病院スタッフの考え方も自然とパラダイムシフトせざるを得ない状況にある。つまり，病院で治療を受けている入院患者一人ひとりには家に帰ってからの生活があり，それも，自宅を中心とした「在宅生活」という限られたものでなく，むしろ周囲の方々と関係を持ちながら営まれる「地域生活」が十分に送れるだけのサポートを，病院にいるうちから検討していかなければならない。どんな患者に対して行うかと言えば，「すべての患者」に行うのである。それくらいの気持ちがないと，真の連携にはたどり着けない。医療現場と地域を結ぶ連携の架け橋は，医療ソーシャルワーカー（MSW）やリハ職と，地域包括支援センターやケアマネジャー，行政保健師等の地域で働く専門職が担うことが期待されている。ラングホーン（Langhorne, D.）らの分析から[5]，退院後約1か月間は特に，病院のリハ職と地域の保健師を中心としたヘルスケアチームによる重層的な関わりが，その後のADL低下予防に有効であることが明らかとなっている。ところが，互いの職種の理解不足から情報のやりとりに気を遣う部分があったり，相手にそれほど期待していなかったりする現状が，本書「はじめに」で紹介した本県の地域包括ケア推進研究会（以下，本研究会）の話し合いから見えてきた。また，病院スタッフが患者の退院に向けて地域の専門職に提供しようとした情報と，地域の専門職が必要だと感じる情報とにズレが生じていることも明らかとなった。互いの役割や認識を十分に確認する機会をなかなか持つことができず，これが円滑な連携の大きな弊害となっていると考えられる。

　ここでの重要な課題は「いかに互いの信頼関係を構築するか」である。専門職はそれぞれ得手不得手があって当然であり，また，自分の立場で当事者にどこまで関われるか，どの情報まで伝えられるか等，制約が少なからずあるはずである。「自分に何ができて，何ができないのか」を整理することで，まずは自身が相手に協力を求める気持ちになる。また，しっかり相手に伝え理解して

もらうことで,「○○病院の○○さんに相談しても,どうせ協力してくれない」というような誤解が生じるのを防ぐことができる。互いの信頼を構築する際に「顔の見える関係づくり」が非常に大切で,これにより「相手の立場に立って少しでも相手のことを理解しよう」という思いが強まるのである。

関係者一人ひとりが地域包括ケアの意義を自分事として捉える

　まず,医療費や介護保険給付がこのまま増え続けていくことについては,住民一人ひとりの保険料の増額に影響するため,早急に取り組むべき最重要課題であることは間違いない。しかし,これは行政課題の一つである。つまり,市町村職員や地域包括支援センター職員は業務の特性上問題意識が高くその重要性をキャッチしやすいが,これをそのまま地域ケア会議で話し合われるべき課題として提示したとしても,地域で生活を営む方々は果たしてこれを自分事と捉え,誰もが真剣にこの課題を解決しようとみんなで頭を寄せ合い取り組むだろうか。

　行政保健師として勤めていた筆者は,どうしても行政的視点,行政的発想になりがちであり,そのため「どうすれば介護保険料を上げずに済むか」ということについては非常に関心が高い。しかし,そもそも地域ケア会議は地域に関わるあらゆる立場の人間があらゆる視点から意見を出し合い共有する場である。まずは自分の立場で考え得るより身近な課題(たとえば「今年で90歳になる一人暮らしの祖母がこれからも自宅で生活していくためには,地域にどんな助けがあったらうれしいか」とか「隣の軽度認知症のおじいちゃんが,これからも住み慣れたこのまちで生活していくためには」とか)から,メンバー各々が地域包括ケアの必要性をまずは自分ごととして捉え,メンバー間で共有するところから始めていくことが大切ではないだろうか。専門職はその地域に住んだつもりになって,住民の目線で考えられるよう訓練をしていく必要がある。そうしなければ,地域ケア会議のメンバーがいつの間にか「支援する側」と「支援される側」に分かれてしまう可能性もある。誰もが各々の立場で対等に意見を言えることが大事であるため,これは避けなければならない。

繰り返しになるが，何らかの結論を出す以上に，このような地域の課題があるという事実をメンバーみんなで共有すること自体が大切であると考える。またその時々で状況に変化が生じるため，場合によっては同じテーマや事例で話し合いの場を複数回，もしくは定期的に持つことが想定される。本研究会で地域ケア会議を「動的プロセス」と位置づけたのはそういう意味が込められている。そして，地域ケア会議は，地域住民一人ひとりが，自分のことや家族のことを真剣に考えられる非常に貴重な機会となるのである。

ときには専門職の枠を外す

地域ケア会議の中で地域課題を探ったり，その地域の強みや社会資源を検討したりするような場では，自身が専門職であることを知らず知らずのうちに意識し，発想や発言にリミッターをかけてしまうことが少なからずある。また，専門職としての経験が長ければ長いほど，固定概念にとらわれてしまい，相手の意見を受容できないことも出てくる。現在の研修体制にも問題があり，職種別の研修はよく開催されているが，多職種が出会える研修の場は案外少ない。

今回の執筆にあたり，連携に関連したテーマをもらった時点で，本来であれば「医療スタッフをいかに巻き込むか，どのように連携の必要性を理解してもらうか」というような話を期待されたかもしれない。しかし，その発想では真の連携は図れない。虹の色は7色だというのがわが国の定説だが，アメリカでは6色，ドイツでは5色，少し前の沖縄では赤と青の2色だと考えられていた地域もある。虹は様々な色の連続スペクトルなので，何種類の色と答えても間違いではない。[6]

連携はしようと思ってするものではなく，必要に応じて自然と連携に向くという感覚が大事なのではないだろうか。連携は一般的に「連絡提携（れんらくていけい）」の意味で，「連絡を密に取り合って，一つの目的のために一緒に物ごとをすること」であるが，むしろ必然的に人と人がつながりあう「連繋」を，連携よりも深いつながりを意識させる意味で使ってみたい。

「連繋」は「自身が相手を受け入れる」ことから始める必要がある。ある場

面での関係性を越えて、立場を越えて、それぞれのコミュニティの中で対話を重ねていくことが重要であり、相手の立場に立ち「自分は気づかなかったけれど、そういう考え方もあるんだなー。」とか「その考え方、いいね！」と言える姿勢を、地域包括ケアに関わるすべてのメンバーが持つことができれば、冒頭で登場した事例の夫婦はきっと「このまちに住んでいてよかった。これからもここに住み続けたい」と思えるであろう。つまり、「迷惑をかけてしまい申し訳ない」と言わせてしまっている事実を真摯に受け止め反省し、今、自分が何をすべきかを考え行動に移すことこそ、「本気で連携する」ということではないだろうか。

注

(1) 山梨県介護・医療連携推進協議会（2014.3）「地域包括ケアシステムの構築に向けた医療と介護の連携指針」(http://www.pref.yamanashi.jp/chouju/chiikihoukatukea.html)。
(2) 日本看護協会（2003）「看護者の倫理綱領」。
(3) 中島紀恵子監修（2002）『実践看護技術学習支援テキスト 老年看護学』日本看護協会出版会, 9頁。
(4) 小山尚美他（2013）山梨県福祉保健部長寿社会課・地域包括ケア推進研究会「地域ケア会議等推進のための手引き〜市町村・地域包括支援センターの視点から〜」34頁。
(5) Langhorne, P. and L. W. Holmqvist, L.W. (2007) Early Supported Discharge Trialists, *Early Supported Discharge after Stroke*, J. Rehabil. Med., 39 (2), pp.103-108.
(6) 板倉聖宣（2003）『虹の色は六色か七色か』仮設社。

第6章
地域づくりへと一歩踏み出す

序

　本章は「地域づくりへと一歩踏み出す」ための具体的な方法論について考える章である。ケアマネジメントの底上げ（第4章）や多職種連携（第5章）に目を向けることができても，それを具体的に行動に移さなければ，地域づくりは展開していかない。そのために，地域包括ケアシステムにおいては「地域ケア会議」や「PDCAサイクル」が重要視されている。また，地域包括ケアシステムの推進においては，行政や地域包括支援センター（以下，包括）だけでなく，地域福祉の推進役である「市町村社会福祉協議会」も主体的な担い手役割が期待される。2014（平成26）年には，その社会福祉協議会の「コミュニティソーシャルワーカー（CSW）」が主役となったNHKドラマも放映され，その役割に期待が集まっている。だが，それらは，まだうまく機能していない局面が散見される。

　地域ケア会議は，サービス担当者会議でも，事例検討会でも，地域包括支援センター運営協議会でもない。だが，実際に行われていることは，上記の3つの会議になっている場面もあるようだ。それでは，地域ケア会議の意味はない。一方「チーム山梨」で考えてきた地域ケア会議とは，「動的プロセス」に特徴がある。その市町村でどのようなことが地域課題として挙がってきているのか，包括・社協・民生委員などから挙がってくる課題はなにか，などによって，どのようなメンバーで，何を議論すべきか，を変えていく必要がある。つまり，地域包括ケアシステムを機能させる具体的な戦略や戦術を考えるためには，地

域の実情に応じた柔軟な会議運営形態が求められる。第1節「動的プロセスとしての地域ケア会議」においては，その原理原則を整理している。

　また，地域福祉計画や介護保険事業計画の作成においても，盛んに「PDCAサイクル」が叫ばれる。だが，このサイクルは，言うは易く行うは難し，である。なぜか。それは，従来の行政施策においては，「事業計画の作成から事業の実施」に至るPDサイクル（事業過程）の遂行に追われ，「実施した事業の評価から問題の発見，分析，そして新たな政策課題の設定」というCAサイクル（政策形成過程）を実施する余裕がなかったからである。そこで，第2節「PDCAサイクルを効果的に回す」では，CAサイクルを先に回すCAPDoアプローチをご紹介する。今の事業でできていないことや課題を「居酒屋での悪口大会」で終わらせず，「マイナスの事業評価」として受け止め，そこから「問題を発見し，政策課題に結びつける」（CAサイクルの）方法論について考える。

　その上で，残りの2節は社会福祉協議会に関する課題である。

　地域福祉の推進役を担う「はず」の社会福祉協議会（以下，社協）は，各市町村の実力や温度差，業務内容の偏差が大きい。地域包括支援センター業務を行政から受託し，実際にその市町村の地域包括ケアシステム構築の推進役を担う社協もある一方，介護保険事業や市町村の委託事業で精一杯の社協，あるいは「寝たきり社協」と揶揄される社協も散見される。90年代から，独立採算制を求められ，介護保険サービスを作り出すことに必死になってきた社会福祉協議会が，今後，地域福祉推進の役割を担うためには，単なる「事業型社協」からの脱却が求められる。そこで第3節「『事業型社協』からの転換」では，地域包括ケアシステムを主体的に担うために，実際に社協改革に取り組んできた事例を基に，その転換課題を考えたい。

　そして，包括や社協が連携して地域福祉実践を担うためには，コミュニティソーシャルワークの課題も整理しておく必要がある。包括と社協が，地域課題のどの部分を担うかの役割分担を行った上で，地域住民との具体的な協働が求められる。第4節「コミュニティソーシャルワークの課題」では，上記内容を

第6章 地域づくりへと一歩踏み出す

整理した上で，それをより広い文脈である地域活動支援（コミュニティワーク）の側面から捉え直す試みも行っている。

第1節　動的プロセスとしての地域ケア会議

　地域福祉や住民主体の地域づくりの必要性が，政策的にも重要視されて久しい。しかし，地域ケア会議の推進に関わってきた多くの自治体で，住民の行政に対する姿勢が依存的・対決的である現状や，住民に関わることに怖さを感じるという自治体職員からの声もあった。また，住民主体というフレーズを掲げてきた活動の多くは，行政の枠の中での自主化や，行政が企画する事業への参加や協力に止まっていたという課題とも向き合うことになった。地域包括ケア推進研究会（以下，研究会）でも，地域ケア会議の主体や担い手は誰か，誰がどうなることを目指すものなのか，ということを繰り返し，問い直しながら，「本人中心であり住民主体の地域づくりの展開」が必要であることを確認してきた。

行政と住民との関係

　岡山県社会福祉協議会における地域ケア会議の先駆的な実践に関与してきた美作大学教授の小坂田稔先生は，これからの地方自治を考えるとき，図6-1のように「『官』と『民』の二元論ではなく」，図6-2のように「両者が重な

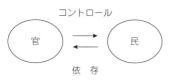

図6-1　「官」と「民」の棲み分け

出所：岩崎美紀子（2005）「『新しい自治体』のイメージ」森田朗他編『分権と自治のデザイン』有斐閣，247頁。

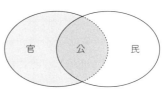

図6-2　「公」の創設

出所：図6-1と同じ。

る部分(協働部分)や,さらには進んで『民』だけで『官』が顕在しない部分を『公』として創設すること(1)」が必要であり,「官」と「民」が対等関係となり,生活者である地域住民が依存的ではなく,主体である「公」の創設,刷新であることが,地域包括ケアシステムには欠かせないと述べている。(2)

地域包括ケアシステムを構築するための手法である地域ケア会議は,行政と住民との従来の関係性を見直すところから始め,信頼関係の構築と協働により,地域住民が主役として自分たちの地域づくりを考え実践していくことができる取り組みでなければならない。住民のニーズは多様であり行政側の限界もあることから,決して簡単な取り組みではないが,真に住民主体を目指していく努力が今,行政,関係機関や専門職等,及び住民一人ひとりに求められていると感じる。

動的プロセスとは

ここで,本書の序章で触れている研究会で合意された山梨県における地域ケア会議の定義について,改めて紹介する。

> 地域ケア会議とは,自分の住んでいる地域でよりよい支え合いの体制づくりを作るためのツールであり,単に会議を開催すればよいのではなく,各地域の実情に基づいて,地域づくりの展開のプロセスの中で,開催形式や方法論を柔軟に変えていくことが求められる,動的プロセスである。

この定義で最も大切にしたことは,地域におけるよりよい支え合いの体制づくりのためのツールであり,それは地域づくりを目指した動的プロセスであるということである。

個別支援であれ,自治体レベルのシステムづくりであれ,取り組みを通して見えてきた課題を話し合い,そこに学びながら展開し,ステップアップし続けていく動的プロセスが地域包括ケアシステムの構築には不可欠であると考える。このことは,言い換えれば,個人,集団,地域レベルで,PDCAサイクルを回し続けるということである。また,私たちを取り巻く環境は,人口動態や家

第 6 章　地域づくりへと一歩踏み出す

族機能等の変化，個人の暮らしぶりや価値観等の変化，あるいは関わる支援者の姿勢の変化等，様々な要因によって日々変化している。この変化にあわせた柔軟な対応が地域ケア会議には求められている。取り組みのプロセスの中で，地域の社会資源の把握，住民や関係機関，専門職等との関係性等ネットワークをより重層的なものにし続けることも重要となる。地域や実情は動いているにも関わらず，行政が「事業」や「従来のやり方」というルーティーン化した枠の中で対応しようとすると，実情と支援のミスマッチが生まれること，支援の固着化は，住民の主体性を削ぐことにつながる恐れがあることに注意したい。

また，小坂田先生は，「地域包括ケアシステムは，構築の過程を通して地域の内発的発展を推進し，住民の主体的活動参加を作り出していく仕組みである」[3]と述べているように，その地域，住民に内在する関心事や欲求，誇りや役割意識，そして自発性を引き出す支援が，動的プロセスにおける支援の基本として重要である。

動的プロセスの展開

このような動的プロセスが地域ケア会議そのものであり，地域包括ケアシステムの構築につながっていくことを，できるだけわかりやすく伝えたいと考え，実例をもとに作成したものが，動的プロセスとしての地域ケア会議をイメージした図 6-3 及び図 6-4 である。

図 6-3 では，地域ケア会議の基本ベースである「町内会・自治会レベル及び小学校区レベル」圏域において実施される地域ケア会議の具体例を示した。個人や地域からの相談を，どうアウトリーチし，どう住民や関係者と話し合い・情報共有し，どのように役割分担し支援するか，その中で解決されたこと，次の課題としてつないでいくもの，解決されたことや課題を個人の支援や小地域ケア会議等にフィードバック，もしくは地域ケア会議に課題提起していくという，個別の支援等を通した地域づくりの展開プロセスであること等を表している。このプロセスの中で重要なことは，支援を必要とする本人・家族，あるいは地域をその中心に位置づけ，支援を展開することである。

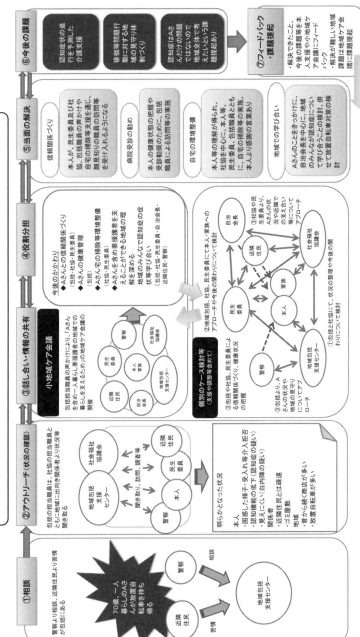

図6-3 地域ケア会議 事例1

出所:山梨県福祉保健部長寿社会課・地域包括ケア推進研究会(2013)「地域ケア会議等推進のための手引き～市町村・地域包括支援センターの視点から～」11、12頁。

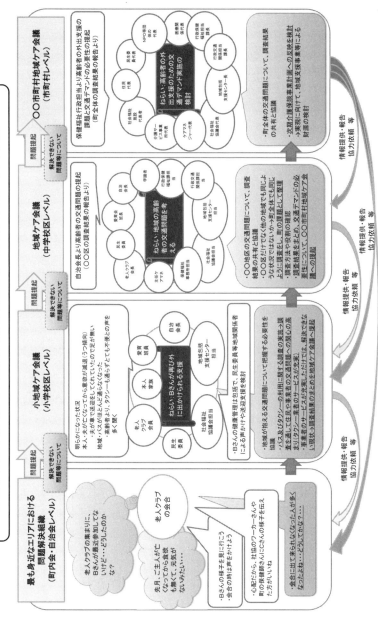

図6-4 地域ケア会議 事例2

出所：図6-3と同じ。

図6-4では，閉じこもりがちな高齢者の背景を住民や行政，専門職等で話し合うという，各圏域で実施される地域ケア会議の機能が発揮されつながることにより，公共交通機関の整備につなげる等，新たな事業化が達成された具体例を示した。個人や地域の困りごと等を地域の住民や関係者と共に共有，課題の発見（調査等の実施）や解決を図りながら，個人の課題に止まらず地域課題として捉えること，解決できない問題等については専門職や組織代表等で構成される上部組織に問題提起することにより，地域福祉計画や介護保険事業計画への反映や事業化につなげることができることを表している。

このようなプロセスの積み重ねにより，表面化した問題のみの対処や解決を図ることにとどまらず，その問題を早期に発見し，自らが主体的に解決することに取り組む住民，または地域に変わっていくことができるように思う。そのための体制を，行政は地域ケア会議の活用等により積極的に進めることが必要である。

人や地域が動く

各市町村等が地域の様々な実情の中で地域ケア会議の推進に取り組み，多くの達成感や成果が実ってきていることを，地域包括支援センター職員等から届く活動報告から実感している。地域ケア会議に関わる行政，関係機関や専門職，そして住民が，それぞれとの関係性を構築し直し，その関わり合いを楽しみ，共に動いている心地よさを感じているようである。

たとえば，地域包括支援センターの保健師からは，従来（又は以前）行ってきた保健師活動による地域づくりの展開を取り戻しながら，地域のネットワークをシステムの中に組み込んでいくことにやりがいを感じていること，社会福祉協議会の社会福祉士からは，どう展開していったらよいか模索していたソーシャルワークの方向性を見出し，地域福祉の向上に改めて挑み始めたこと，介護を要する高齢者に寄り添うケアマネジャーからは，個人と地域をどうつなぎ，地域包括ケアシステムにどう関与していったらいいのか，自分たちのアセスメントや専門性を活かす先にあるビジョンを見出すことができてきたこと等生き

生きとした声が届き，地域ケア会議には，地域の医師等医療関係者，警察や住職等に及ぶ関係者，住民団体等が積極的に参画し始めている。住民に関わることが怖いと話していた行政職員や管理職等が専門職以上に自分事として取り組んでいる。住民を含め多くの関係者がチームとなり，そのチームが地域に確実に広がってきている。

このように人と人とがつながり，変わっていく様に，地域包括ケアの実現につながる近い将来への展望を感じる。

第2節　PDCAサイクルを効果的に回す

市町村は3年ごとに市町村介護保険事業計画（以下，事業計画）を策定しなければならないのだが，その事業計画に一通り目を通している人はどれくらいいるであろうか。もしかしたら，次期の事業計画を策定することになって初めて，書棚にしまいこんである今期の事業計画を引っ張り出してきたという人もいるかもしれない。

厚生労働省は「地域ケア会議を活用した個別課題解決から地域包括ケアシステム実現までのイメージ（2013年）」の中で，市町村は，保健・医療・福祉等の専門機関や住民組織・民間企業等によるネットワークで整備された地域包括ケアの社会基盤を社会資源として事業計画に位置づけ，PDCAサイクルによって地域包括ケアシステムの実現へつなげることの必要性を示している。つまり，地域包括ケアシステムの構築に向けては，PDCAサイクルのプロセスが重要であり，地域包括支援センターの運営協議会や構成員である地域住民，事業者等には地域包括ケアシステム構築の推進力の一つとなることが期待されている。

今さらPDCAと思うかもしれないが，とにかくシンプルでわかりやすいため，住民主体の活動を整理するのにも役立つだろうし，「介護保険事業計画の立案から実施・評価に至る一連の流れ」，また「地域ケア会議の実施とその評価」のどちらにおいても，このPDCAを効果的に活用することでその成果がかなり期待できる。そして，自分たちの活動を改めて振り返ったとき，PDCA

がしっかりまわせていると胸を張って言える人がどのくらいいるだろうか。

PDCA サイクルを活用する

　PDCA サイクルは，情報の集積から課題を的確に見出し，その解決に向けて質の管理や，維持・向上，継続的な業務改善を促すマネジメント方法の一つである。Plan, Do, Check, Act の4段階を順次行い，一巡りしたら最後の Act を次の PDCA サイクルにつなげ，螺旋を描くようにサイクルさせることで向上させて継続的な業務改善を図っていく。この螺旋状のしくみをスパイラルアップ（Spiral up）とよぶ。PDCA サイクルの趣旨は，「改善フィードバックを反復的に行うことで最適化していくこと」なので，途中で修正しても全く構わないし，むしろそれこそが大切なことなのである。

> Plan（計画）：これまでの情報から課題を的確に見出し，何をどのように改善していくのかを計画する。
> Do（実施）：計画に沿って事業を実施する。
> Check（評価・検証）：実施内容が計画に沿っているか，また，目標の達成状況がどうかを分析する。
> Act（改善・修正）：評価・検証の結果，必要に応じて計画の変更と実施内容の修正を加える。

① Plan（計画）

　この Plan が最も重要と言われている。にもかかわらず，「目的」や「目標」と混同されることが多い。計画は目標を達成するために作り，目標は目的を実現するためにクリアすべき課題である。目的は何なのか。これを見失った瞬間，計画は間違った方向へ進みかねない。目的を考える際は当然住民の立場に立つことが重要である。ここでは「地域包括ケアシステムの実現」が目的であり，これに直接関係のない業務は極力効率化するか，場合によっては止めることも検討してほしい。また，目標については，実施後の評価指標と考えるため，評価可能な目標の条件としては，以下などが挙げられる。

・数値で表されていること
・「いつまでに」達成するかが明確であること
・その目標を達成するために「何をすべきか」が明確であること
・測定可能であること
・実施結果を見直す機会があること

　Plan は常に問題解決を意識し，場合によっては思い切った方向転換をすることも視野に入れておかなければならない。それでも，現場からの声としては「PDCA を回すよう努めているが，思うように改善されない。」という実感を持たれることが多い。改善を繰り返した結果，振り返ってみればサービスに一貫性がないということもある。当事者のニーズや地域のあるべき姿を見据え，何が目的で，目標に対しどの程度到達しているかを常に意識しないと，こういうことが起こりうるのである。

　また，具体的な計画づくりにあたっては，「何が問題を引き起こしているか」，「目的から外れた不要な業務はないか」，「他部署と十分に連携しているか」といった現状の振り返りから始め，実行可能性を考慮しながら計画を策定すべきである。計画策定時の留意点として，「現状を正しく把握すること」と，それを「チームメンバー間で共有すること」が重要である。

　Plan は，①何を，②いつまでに，③誰が，④どうやって，が明確でなければならない。また，PDCA サイクルは改善と微調整，ときには方向転換を重視するため，Plan（計画）は柔軟に変更できる余地を残しておく必要がある。ただし目的を見失ってはいけない。ふと気づくと，地域ケア会議をすること自体が目的になってしまっている場合があるので注意が必要である。

　②　Do（実施）

　Do で大切なのは，「効率的かつ効果的にチームの生産性を最大化すること」である。これまで行政や専門職が行うべき Do と考えられてきたが，当事者が主体的に実施できる工夫，言い換えれば住民本位の Do が望まれている。つまり，すべて自分たちが動いてしまわずに，地域住民自らが動けるようなしくみづくりに力を入れるべきである。

③ Check（評価・検証）

Checkは，最終的な評価というより改善を前提とした中間評価を意識したい。振り返りや足跡確認を行い，改善すべき点を見出していく。ここで大切なのは，よかった点や強みも的確に捉え，それを伸ばしていくという発想も大切にしていくことである。主観ではなく，根拠に基づいたCheckを行うためにはそれなりの情報が必要となる。数値だけで判断するのではなく，当事者や家族，地域住民の声をしっかり捉えることが重要である。

④ Act（改善・修正）

Actは具体的方策の微調整である。「どこをどう変えるのか」を関係者間で共有しておくことが大切である。改善が実現できるか否かは，改善を妨げている様々な「しがらみ」を断ち切れるかにかかっている。しがらみを打破するには，会議を活用して，メンバーの理解と納得を得て，メンバーを巻き込むことが重要である。

地域包括ケアシステム実現のためのPDCAサイクルとは

地域包括ケアシステムの構築にあたっては，「Plan：地域の課題把握と社会資源の発掘，解決策の検討と決定」→「Do：地域の実情に合ったサービスや事業の実施・基盤整備」→「Check：対応策の適切性と効果の確認（定期的な日常生活圏域ニーズ調査や地域ケア会議における地域のニーズの把握）」→「Act：計画の変更を視野に入れた，より効果的なサービス・事業の実施と継続」というサイクルになろう。

では，具体的にはどう進めるべきであろうか。まず，地域診断における地域住民の生活の実態把握や，地域ケア会議で提示された個別事例の検討などを通して課題を抽出する。そして，広義の介護予防や権利擁護，支援すべきニーズ保有者の分布とそれを意識した施策展開，保険給付に必要なサービスの必要量，それに伴う必要財源の見通しなどを検討する。このような課題の検討を踏まえ，今後の3年間について，介護保険制度の運営をどのように展開し，被保険者の抱える課題に対してどう臨むのかという目標を掲げた事業計画を定める。当然

のことであるが，事業計画の意義を介護保険料算定のみに矮小化せずに地域支援事業を視野に入れた地域包括ケアを確立していかなければならない。

　事業計画に基づく制度運営が開始された後は，潜在的には次期事業計画の策定に向けての情報収集と洞察分析が早速始まっている。つまり，当期の事業計画の目標に照らし実施した結果がどうであったかという検証が待っていて，その検証結果と時間の経過に伴って変化する新たな課題をも鑑み，次期事業計画を模索していくことが求められる。

　事業計画だと3年を1クールと考えて進めればいいと思いがちであろうが，PDCAは早く回すことに大きな効果が期待できるため行政の特徴を踏まえて1年サイクルで進めていくほうがよいと，筆者は考える。また，効果的・効率的な実施を図るため，定期的に実施状況等を評価することが求められる。そして，このような継続的な評価の結果，適切な対応を検討し，必要に応じて処置していく。

　行政サービスのみならず，NPO，ボランティア，民間企業等の多様な事業主体による重層的な支援体制を構築することが求められるが，同時に，高齢者の社会参加をより一層推進することを通じて，元気な高齢者が生活支援の担い手として活躍するなど高齢者が社会的役割を持つことで，生きがいや介護予防にもつなげる取り組みが重要である。

なぜPDCAが回らないのか
　PDCAは，一見理解しやすく見えることが仇となり，関わるメンバー一人ひとりがその解釈を間違って捉えていることが多く，共通言語として成り立っていない場合がある。事業報告もしくは復命書を作成すればそれがCheckとなると考えている人もいるだろうし，住民個人に焦点をあてて一事例ごとに計画（Plan）とのズレをこと細かに評価していくことがCheckと考えている人もいるだろう。また，PDCAサイクルを回そうとして，次のような経験はないだろうか。

　・Planを立てて実施してみるものの，CheckやActまでたどり着かない。

- Plan が希望的観測により立案され，Do がやっつけ仕事的に行われている。
- Check や Act をするための実施結果データ（評価データ）の集め方がわからない。
- サイクルがどうにか一巡しても次の Plan に至らず単発で終わってしまう。

その背景としては，Plan が適切に設定されていない可能性が高い。根拠の薄い数値目標が並べられているだけで，その数値目標を「どうやって」達成するのかという行動レベルにまで落とし込まれていないケースが少なくない。また，最初の計画の作成に時間をかけすぎてしまい PDCA のサイクル以前に Plan で力尽きてしまうこともある。事業計画を業者に丸投げしている市町村などは，地域の現状が把握できていない状態で進めざるを得ないため，Plan に無理が生じて結果的に失敗に終わってしまう可能性も高くなる。現状を把握し課題を見据え，目標を達成するために，「何を」「誰が」「いつまでに」「どうやって」実行するのか，が見えていなければならない。ただし，あまり無理に形に当てはめずに，結果を出すために柔軟性を持ったサイクルにすることも大切である。

PDCA は螺旋を描くように繰り返しながら竜巻きのごとく上昇していくことが期待されるため，当然のことながら，目的が明確であることが非常に重要である。つまり，「地域包括ケア実現のため」というざっくり漠然とした目的ではおそらく上手くいかない。最初に述べた通り，「介護保険事業計画の立案から1年間の実践とその評価」や「○○市における効果的な地域ケア会議の進め方」というようなだいぶ具体的なテーマが打ち出されれば，これほどシンプルかつ効果的なモデルはないであろう。

PDCA を回すコツ

「PDCA が大切なのはわかるけど，正直時間がない」。チームメンバーの中にこう考えている人が多い場合，PDCA を回すことはなかなかできない。また，「今回は目標が達成できなかったから目標を下げましょう」とか「今回は，だいたい目標達成しているから，このまま継続でいいかな」などと短絡的な計

画作成に陥ってしまうだろう。確かに PDCA は作業に手間がかかるが，これを回さない限り，事業計画は思いつきの薄っぺらなものになり，その地域ではいつになっても地域包括ケアシステムは構築できないであろう。活動の評価をていねいに行い，住民のために必要な結果が出る活動の展開に向けて，改めて本来の目的，対象，方向性を確認することが必要なのである。多くの人は，潜在的には PDCA サイクルの必要性を感じているので，一度，必要性が伝われば，PDCA の意識が高まる。

次のコツは効果測定するポイントを P 段階で決めておくということである。Check にあたる効果測定は，ツールがあれば比較的楽に実現できる。この段階では，測定することに必死になり，本来見るべき効果を見失うという問題が起こり得る。測定ポイントは一見沢山あったほうがよさそうな気がするが，それなりの業務量も発生することからあまり好ましくない。

介護保険事業計画は CAPDo（キャップ・ドゥ）で

PDCA は，行動に移さない限り，検証・改善がなされない。そこで，最近では PDCA サイクルを確実に効果的に回すために CAPDo（キャップ・ドゥ）という考え方が注目されている。CAPDo は，最初に課題を網羅的に把握（Check）して次々と改善策を打ち出し（Act），実行計画を立てて（Plan），実行していく（Do）ことで効果を高めていく手法である。

単純に Check から開始するというだけでなく，Act を単に「改善すべき内容の整理」とするのではなく，「何をすべきかを決定するフェーズ」に充てることが重要で，言い換えれば「改善計画の立案」とするのである。つまり，CAPDo なら改善立案から施策の計画までの間に連続性がありスムーズに流れる。

CAPDo を実際に業務に適用してみると，計画が起点となる PDCA に比べ，先に現状把握をして見立てを行った上で改善案を検討する CAPDo の方が取り組みやすいと感じるであろう。要するに，現行の事業計画が走っている時点で，Check から始められる訳である。改善のサイクルが短くなればそれだけ改善

の成果が早く得られるようになり、次の改善につながりやすくなる。敷居の低さとスピーディなサイクルは、この「継続性」に対しても効果的である。

一方、関係者が一堂に頭を突き合わせて話し合われる地域ケア会議は、CAPDoのCAP（Check・Act・Plan）を行う絶好の場であると考えられる。そして、各自の役割の中でDoを進める。月に2回ペースで欠かさず地域ケア会議をしてきたのに、10年後、地域が何一つ変わっていない、ではあまりにも悲しい。せめて、関係者間の意識の醸成にでもなっていればいいのだが、参加者は義務感で形式的に参加し、個別ケースを提供する人もいやいや発表する。そんな地域ケア会議はいずれ衰退していく。

フィードバックからフィードフォワードへ

もう一点、PDCAサイクルは基本的に過去を振り返る「フィードバック」を常に実施しながら進めるものであるが、たとえば「〇〇を実施したが問題解決に至らなかった。課題は〇〇にあるから改善しなくてはならない。」とネガティブイメージになりがちで、これまで長きに渡りわが人生を歩んでこられた住民の方々の支援には適さないことがある。また、地域ケア会議で話し合う場面においても、問題点や反省点ばかりに目が行ってしまう。そこで、「フィードフォワード」という視点で、CAPDoを補完する発想はいかがだろうか。フィードバックとは逆に、「結果がでる前に原因を最良のものにする」という考え方で、問題が起こってから改善をするのではなく、問題が起こらないように、事前により最善の方策をとるという発想である。

> ・フィードバック：この問題を解決するにはどうすればよいか
> ・フィードフォワード：どのようにすれば、あるべき姿に近づくことができるだろうか

綿密に計画を立て、（軌道修正しながら）実践し、結果を評価し、改善し、次につなげる。フィードフォワード手法は、綿密に各種データを分析した上で計画を立て、シミュレーションしながら練り上げ、目標に向けて一気に実行に移

す。フィードフォワード手法は，アンケートなどの調査データはPを立案する時に有効に活用し，Cでは目標に添っているかどうかの検証として使う。

　Pが実行を想定して立案されるのは，ちょうど建築に通じるものがある。たとえば，新たに保健センターを建てるとする。建物の設計図や完成図ができ，模型を作製して綿密に計画していくプロセスを経る。また，いつまでに仕上げるかという具体的な目標が盛り込まれる。ここまでがPlanとなる。実際に工事をするのがDoで，Checkはその都度実施し，微調整のActをして完成となる。この手法で最も重要なところは，模型を作るところ，つまりPをシミュレーションすることにある。また，乳幼児健診を実施するにあたり，保健師の問診や身体計測，医師の診察をどのように配置するのがいいか，その導線について練るにしても，建物のレイアウトが完全にできあがってからでは遅い。フィードフォワードは，ネガティブな改善という概念がないため，効果的なPDCAサイクルが実行できる重要なキーワードなのである。

第3節　「事業型社協」からの転換

　一人ひとりの小さな支えあう気持ちが集まって，地域を愛する力，地域力も強くなっていく。そのような地域が一つでも多く生まれるために，南アルプス市では，市と社協が地域包括ケアシステムの構築に向けて，一から話し合いを続けてきた。

　最初からうまくいった訳ではない。社会福祉協議会（以下，社協）と行政の連携の難しさ，「地域包括ケアシステム」の意味，これから社協は何に向かっていくのか……。これらを前にして，心の葛藤や怒り，迷いなど様々な思いを持ちながら，試行錯誤し，議論を重ねてきた。そのプロセスを，少しでもお伝えすることができればと思う。

合併前の旧町村社協の姿

　筆者が，旧八田村社会福祉協議会にボランティアコーディネーターとして入

社したのは1999（平成11）年1月のことだった。民間企業に勤めた経験があるものの，福祉現場に足を踏み入れたのは始めてだった。当時は，通所施設内に事務所があり，デイサービスの職員はもちろん，事務職，ボランティアコーディネーター，ヘルパーなど様々な専門職が机を並べていたため，情報交換や意見交換もすぐにその場で行われ，多職種連携による迅速な個別支援を行うことができた。また，ボランティアの方々と関わることも多く，どちらかといえば支援する側の人達を支援するような業務が多かった。

　2000（平成12）年の介護保険創設時にヘルパーの資格を取得。ボランティアコーディネーターとヘルパーの掛け持ちの仕事が始まった。利用者に寄り添い，何とかして笑顔が見たい，生きる希望を与えたいという思いから，利用者の強みを生かし，地域とのつながりを通じ，生きる力へと変えていく支援を行った。生きる意欲を失った高齢者には，本人が得意の短歌を支援のツールに使うことで，利用者に向上心や生きがいが生まれ，地域の文化祭にも出品するまでとなった。また，余命宣告をされたがん患者には，昔大工だった器用さを生かし，経験のなかった折り紙を勧めたことをきっかけに，喜びの声が亡くなるまで続き，本人の生きがいにつながった。この活動は，現在の折り紙ボランティアグループの原点となった。

　その方の笑顔が見たい一心で何かないかと行動した。しかし当時は，個の取り組みから地域への課題に変換する意識はまだ薄く，個別の支援のみに達成感を感じていた。とはいえこの経験は，個別支援の視点を養うことに役立った。

合併後の大規模な変化ともどかしさ

　2003（平成15）年に，4町2村が合併し，人口7万人強の「南アルプス市」となった。旧6町村社会福祉協議会は，合併前から訪問，通所，居宅，ボランティアコーディネーター，総務課等分野ごとに集まり，すり合わせの話し合いを何度も行ったが，町村ごとに取り組んでいた社協事業を一つにまとめることは容易なことではなかった。「南アルプス市社会福祉協議会」としてどうすればいいのか，職員はどう取り組むのかを話し合った。

第6章 地域づくりへと一歩踏み出す

　新しい社協構築のための住民座談会やアンケート調査等を行いながら，住民の声を反映した第1次地域福祉活動計画を策定した。その結果，地域のつながりの薄さから新規事業として旧町村単位での「ちっくい祭り」の開催や，防災をキーワードとした地域づくりに焦点をあてた取り組み，またボランティアと民生委員等が協力する見守り事業を市内全域に波及させるなど，新たな取り組みもスタートした。「南アルプス市社会福祉協議会」という名前を市民にアピールするために多くの社協事業をこなしているような時期だった。
　新しい社会福祉協議会は，本所に総務課，地域福祉課，訪問介護課，居宅支援課を置き，各6地区には地区担当1名の事業所が設置され，南北に通所施設が2か所，養護老人ホーム（平成19年度より）1か所という体制でスタートした。だが，新社協内部での「見えない壁」も徐々にでき，同じフロアーにいても他課の業務内容が充分把握できない状況になっていた。この原因の一つには，利益確保重視の問題がある。介護部門の職員は，社協職員の「あるべき姿」より，「稼げ稼げ」の数字に追われる中で，個別の支援と地域とをつなぐ方法や活動など，課を超えた社協としての連携や実践を展開しにくい現状があった。筆者自身ヘルパー経験もあるため，当初は介護現場と地域福祉課との連携にもどかしさを感じていたが，社内の交流や伝達研修，課同士の事業説明会などを通じ，あらためて共有を図っていった。その結果，徐々にではあったが，介護支援相談員（以下，ケアマネジャー）からの相談をきっかけに，話し相手ボランティアや生活支援を目的とした男性ボランティアが生まれるなどの取り組みも見られた。だが，この時点では個人への支援にとどまり，地域へとつなぐ視点まで発展できなかった。
　また，筆者が配属された地域福祉課も，地区担当は一人であり，事業をこなすことに精一杯で個別支援になかなか目もいかず手も出せず（出さず）の状況となり，いわゆる「事業型社協」となっていた。各事業所は相談窓口でもあったが，市に比べ重篤化した相談数は少なく，団体事務や各種社協事業などの比重が高く，関わる住民も一部だけであり，偏った仕事に取り組んでいた。そのため，「これが社協の仕事なのか？」という評価や振り返りも充分にできない

まま，時間や仕事に追われ，ただ忙しいという毎日だけが過ぎていった。全職員，仕事は一生懸命していたが，「住民自立のため」「社協職員として」という社協の理念や目標に基づいて業務をしていたかと問われると，果たして職員一人ひとりに共有されていたか疑問であった。

市と社協の連携のきっかけ

　合併後の市役所は，市民へのサービスを第一に考え本庁機能を充実させるべく，一極集中に向け取り組んでいった。その流れの中で，2006（平成18）年度に地域包括支援センターを設置し，地域の高齢者を様々な面から継続的，包括的にケアするための中核的な存在として取り組んでいた。一方合併後の社協地域福祉課の事業は，元気な市民を対象にしたものが多く，職員と住民，住民同士の顔の見える関係づくりという横のつながりを充実させた基盤固めの活動を行っていた。

　こうした中，家族や行政サービスだけではどうにもできない問題が市役所に多く寄せられ，市は相談内容に危機感を感じていた。生活困窮，虐待，自殺，ひきこもりなど重篤な相談が日ごと多くなっていくことにジレンマを感じながら朝から晩まで対応に追われていた。

　「行政だけではどうしようもない」「問題の解決に向けてどうしたらいいのか」この課題について，これまで市の委託事業を多く受け持っていた社協に対し，今こそ，本来の社協がやるべきこと，行政との役割分担を双方で考え，連携をとらないと大変なことになるという投げかけが，市からなされた。そこで，市と社協の話し合いの場を持つこととなったが，残念ながら当時の社協では，行政と同じ危機感を共有できていなかった。その理由は，既存のサービスを使うだけでは解決のできない困難事例は，主に行政が関わり，当時の社協にはそのような相談が少なく，その切迫感が真に理解できていなかったからだ。

社協と市の「見えない壁」

　話し合いは，2010（平成22）年から始まった。行政は，地域包括支援セン

第6章　地域づくりへと一歩踏み出す

ターの職員，社協は地域福祉課の職員が出席し，時にはアドバイザーの研究者も交えて，毎月1回定期的に開催された。

　もちろん，当初からしっくりいった訳ではない。本来は，福祉を推進するために，市と社協が目的を共有する事が不可欠だが，当時は，市の担当者の指摘に，これまで一生懸命取り組んできた仕事への「否定」を感じることもあった。「お祭りや事業ばかりで相談業務は？」「社協はもっとやるべきことがあるんじゃないか？」という市からの問いかけへの感情的反発もあり，お互いに相手を理解しようとするまでに，半年以上の時間を要した。今から振り返ってみると，「地域包括ケアシステム」形成を目指して，市が社協とどのように連携を図り，推進体制を創り上げていこうとしているのかを，社協側がしっかりと理解せず，勝手に壁を作っていたところもあった。

　しかし，話し合いの回数が増えるにつれ，少しずつ両者の仕事内容や立場を理解でき，自分たちの社協活動を改めて見つめ直す時間となった。これまで，お互いに自分たちだけが大変だと思い，相手のマイナスばかりが気になっていたが，それは間違いだった。従来は，市が例年通りに社協にいくつもの事業を委託し，社協はそのまま請け負ってきた。そのことで，「目の前の仕事」に忙殺され，本来のコミュニティーソーシャルワークが充分にできない原因を作り出していた。さらに行政の担当者が，自殺や虐待，引きこもりやゴミ屋敷というような大変重く，困難な相談ケースに毎日対応し，大変な疲弊感を持ちながらも行政内で抱え込み，それを解決する糸口が見つからず，どこにつなげていけばよいかもわからず，また未然に防ぐための連携などもできずに，もがいている現状を社協職員は初めて知ることができた。

　このように，相手の役割や課題を少しずつ理解できるようになると，話し合いは，従来の社協業務を再確認する場にも変わっていった。資料作成や，法律関係，制度内容，言語化する能力にしても行政に比べ社協職員の方が勉強不足であることにも気づかされた。地域の中で社協がどのようなことをしているのかを，市にきちんと説明できていなかった。一方，市も，住民との横のつながりの不足や，庁舎内での「地域包括ケアシステム」の必要性の共有が不足して

171

いることも知った。市も社協も,「地域福祉」という共通する使命を持ちながら,目の前の業務に追われる中で,なかなか相手の理解や情報共有の機会も持たず,必要最低限の業務のみで完結していた。「時間がない」「業務量の多さ」を言い訳に,相互理解に向けて話し合う時間を生み出してこなかった。

市も社協もこの話し合いが南アルプスにおける地域包括ケアシステム推進の要であると理解・共有し,話し合いを継続する中で,先進地の県外研修等の協働学習会も重ねた。そのプロセスを通じて,「地域福祉」の推進に向け,お互いがどういう役割で動くのかという視点で一緒に考え,検討していった。

行政と社協の連携と変容

お互いを理解し始め半年以上が過ぎた頃,小地域ケア会議に関連して,社協の各地区担当がこれまで取り組んできた活動を,地域包括支援センターの職員や健康増進課の地区担当と共有し,相互の意識統一を図るためのプレゼンを行った。お互いの取り組みや実践発表,意見交換を通じて,誰もが自分らしく自立した生活を送るためには,地域でのネットワークを増やし,つなぐ必要があることを共有していった。

1年が経過した頃,市と社協が一緒に地区ごとに地域ケア会議を行い,住民と共に進める会議を実践しながら学びを深めていった。その後,地域ケア会議の学習会の成果と課題,今後の方向性について振り返りを行い,地域の課題を地域で考え解決できるしくみづくりが社協の役割としてとても重要であることを職員相互で認識しあった。社協だからこそできる取り組みであることを再確認したが,「目の前の仕事量」との兼ね合いや,どうしくみづくりをすればよいのかの困惑,でもやらなければ……と,漠然とした不安や焦りも感じていた。

この頃から,コミュニティソーシャルワーカー(CSW)という言葉が頻繁に使われ始めた。これまでも名前は知っていたし,社協職員もそれらしきことをやってきたように思っていたが,改めて「社協が行うCSWって何?」「今の社協職員はCSWか?」「そもそもCSWって何?」「なぜ,今CSWが求められているのか?」を問われると,残念ながらしっかりと答えきれなかった。そ

こで，この後の市との学習会は，CSWを意識し，権利擁護や法人後見，ファシリテーションなど地域包括ケアシステムを支えるツールを学ぶと同時に，CSWの意味を学んでいった。また，この学習会や話し合いの成果を形にするために，市と社協が協力し住民を巻き込んだセミナーを開催した。このセミナーでは，地域づくりに関わる住民の理解だけでなく，市・社協・住民の役割の共有や，住民が地域を見直すきっかけにもなった。このセミナーはその後も毎年テーマを変えて続けている。

議論を始めて3年目の2012（平成24）年度には，市民からの様々な相談の窓口対応を一本化させるため，市役所に福祉総合相談課が設置された。すると重篤化した相談が続々と寄せられるようになり，行政だけでは解決することが難しい課題がさらに浮き彫りになってきた。インフォーマルな取り組み，地域の中で支えるしくみづくりが必須とされる中，社協もさらなる相談業務の強化だけでなく，よりしっかりとした地域づくりが求められてきた。

この頃から社協内部では，これまでの「事業型社協」を脱し，個別支援に積極的に対応し，地域の中で支え合える・予防できるしくみづくりに関われるよう，事業精査を始めた。本来の地域福祉を推進する社協として，どう変わらなければならないのかを検討していった。事業精査の結果，2013（平成25）年度より社協の各事業所を「身近な相談窓口」とした一次相談体制を構築し，市の福祉総合相談窓口との役割分担が図られた。また，人材育成の担当係設置や成年後見センターの開設も行った。さらに，同年度より市から高齢者相談センターを受託し，地域福祉課内にコミュニティソーシャルワーカーを配置，翌2014（平成26）年度には市の地域包括支援センター初めてのブランチ機能として社協内に「ふくし相談支援センター」を開設した。CSW配置もより明確な位置づけができ，個別支援から地域支援に向けての取り組みが着々と進んでいる。

これまで社協が築いてきた地域住民との横のつながりの基盤を生かした取り組みも開始した。地域の課題を住民が気づき，つなぎ，共有し，解決方法を考え，また課題を生まないための話し合いの場とした「ふくし小委員会」を開催

している。2013（平成25）年度から小学校区単位でモデル地区を選び，民生委員や市の職員も一緒に関わり，住民・市・社協が同じテーブルで一緒に話すことで地域の強みや弱みも理解し合いながら，お互いの役割を明確にする場にもなっている。

社協のこれから

　南アルプス市社会福祉協議会は，早期発見と予防，解決方法に力を入れた地域づくりという本来の社協の姿を目指し，やるべきことに力を注ぐために組織改革を行う転機を迎えている。従来の「事業型社協」の継続では，「社協の価値」は認められない。変わることは，「産みの苦しみ」もあり，心身共にとても大きな労力を要する。しかし，変化でなく進化と捉え，全職員が自分たちの仕事は「誰のためにあるのか」が統一できていれば，やりがいと共感も生まれ，常に進化し続け，自信を持って市と連携を取りながら地域福祉を進めることができる。

　これまで築いてきた社協の強みを生かし，市と住民と共に考え，共に悩み，共に行動することで「声なき声をひろうためのしくみ」「新しい取り組みやサービスを生み出し解決できるためのしくみ」「自立した生活を送るためのしくみ」づくりに結びつけることができる。

　また，社協職員一人ひとりがCSWであるという意識を持ち，日々の業務に臨むことで，社協としての存在意義を地域に示すことができる。そのために，全職員を対象に研修や事例検討を通じた学びを深めている。課題を抱えた個人に対し，行政や社協のサービス提供だけの解決で終わりではない。個々の問題や課題が，他人事でなく自分自身の問題，地域の課題として捉え，市と社協，関係機関そして住民がタッグを組み進めることで「誰もが，最後まで，自分らしく，この地域で暮らしていく」という目標は，達成されるのである。

第4節　コミュニティソーシャルワークの課題

なぜ現場は切羽詰まっているのか？

　各地域の地域包括支援センターは，地域包括ケアシステム構築に関して，非常に期待もしているし，その構築を心待ちにしている。それはなぜか？　実は，その背後に，地域包括支援センターの業務量の飛躍的増大，および一つひとつの支援に十分に関わりきれない，という理由がある。

　筆者は以前，ある自治体の地域包括支援センター（以下，包括）に持ち込まれる事例を，以下の緊急性・重要性の2つの軸で整理して分析したことがある。その中で見えてきたのは，図6-5に象徴されるような課題だった。

　この図は，ビジネス書の名著（コヴィー，S. R.／ジェームス・スキナー他訳（1991）『7つの習慣』キングベアー出版）で時間管理のマトリックスとして紹介されているフレームを，地域包括ケアシステムの現状に応用したものである。4つの象限に当てはまるものを具体的に読み解いていくと，現在の地域包括ケアシステム構築に向けた課題や，協働すべきポイントなどが見えてくる。

図6-5　地域包括支援センターに持ち込まれる事例の緊急・重要マトリックス分析

緊　急

C 重要度は低いが緊急	A 緊急かつ重要
包括が振り回されやすいケース。地域での関わり・支援が切れているので，直接対応が求められる。CSW等の支援を受け，D領域にどう持ち込めるかの課題	虐待事例や生活環境・症状の急激な変化等，地域包括支援センターや行政が中心になって，素早く介入する必要があるケース
D 緊急・重要度が低い	B 緊急度は低いが重要
本来この部分は地域での解決力向上が求められる部分。住民活動の組織化が求められ，コミュニティソーシャルワーカー（CSW）が活躍できる部分	この部分こそ，地域ケア会議や相談支援等できっちり関わるべき部分。この領域を支援出来れば，Aに持ち込まれないうちに「事前予防」を果たすことも可能。

重　要

出所：筆者作成。

まずAに示したのが，緊急かつ重要である，というケースである。虐待対応や，老老介護における介護者の入院，在宅で医療的ケアが必要な人の病状の急激な悪化，あるいは一家離散状態，など，介護環境や本人の状態像が急激に悪化した場合，緊急に介入しないと，生命への危険性が及ぶかもしれない，という重要なケースである。この場合は，公的責任を持った行政や包括，虐待対応部局等が早急に事例に関わることが求められている。

一方，Aのような緊急・重要とは言えないのだけれど，包括や行政にとって「気になるケース」というのがある。ただ，その気になり方によって，BとCに分類可能である。

Bは，緊急度は低いが重要である，という項目である。この部分に当てはまるケースとしては，たとえば父親は初期の認知症で，お子さんは統合失調症で引きこもり，だが今は母親がしっかりしているからその家族はうまく回っている，しかし最近母親の腰が折れ曲がり，車もあちこちぶつけ，そろそろ免許を返上しなければならないのだが，車がなくなると孤立するかもしれない，といった事例である。つまり，現状では支援の緊急度は低いが，放っておくと，あるいは家族の中の一人が倒れると，その家族的安定が瓦解し，Aの緊急かつ重要な課題になる可能性が予見される事例である。実はこのような事例を放置せずに，関わることによって，Aのような「事後対応」型から，「事前予防」型へとシフトすることが可能になる。地域包括ケアシステム構築が必要とされているのは，この「事後対応」型から「事前予防」型へのパラダイムシフトの必要性があるからである。そして，Bのような「事前予防」（＝見守り）のしくみを整えるためには，地域ケア会議や障害者の相談支援など，ご本人や家族，そして関係者が一堂に会し，今後の方針を考え合う場が必要不可欠である。

だが，そのようなきめ細かい支援を展開しようとしても，現場では「そんな余裕がない」という声も聴く。その理由を探ってみると，実はCのような，包括にとっての重要性は低いが緊急のケース対応に必死になっている，という場面も少なくない。それはどういうことだろうか？

たとえば包括には，様々なSOSの電話がかかってくる。その中には，電話

をかけてくる本人や関係者にとっては切迫度や緊急度は高いが，包括でしか対応できない内容なのか，を精査する必要がある事例もある。このままでは生活がやっていけないから，と介護保険の申請や早急な対応を求められるが，いざ支給決定の段になると，やっぱり介護保険はいらない，というケース。あるいは，自殺願望や不安感を毎日のように包括に何度も電話してこられ，その電話対応に本来業務の分まで時間が取られると感じられるようなケースである。往々にしてそのようなケースに「振り回される」という感覚を現場の人は持ちがちだが，しかし，本人の切迫性も理解できるため，安易には断れず，困惑しながら関わり続ける，という事例だろう。このような事例にどう対応したらいいのか。

　そこで大切なのが，Dの緊急性も重要度も低い事例にどう対応するか，というポイントである。社会福祉協議会との協働，中でもコミュニティソーシャルワーカー（CSW）の活躍が，その鍵を握っている。地域の中での「支え合い」の重要性が近年声高に叫ばれているのは，旧来の共同体システムが崩壊局面にある中で，核家族化や老老介護，孤独死などの課題が浮き彫りになり，それへの対応が喫緊の課題になっているからである。Cのようなケースは，その「支え合い」の輪から外れた人の必死のSOSとも受け取れるし，Bでは逆に家族内の「支え合い」の限界を露呈している。そのような問題点を克服するために，普段からの地域内での支え合いを，公助だけでなく，自助や互助，共助の力を借りながらどう構築していくのか，というD領域への支援課題が浮き彫りになる。

CSW の 7 つの役割

　全国的に先駆けてCSWを都道府県レベルで制度化した大阪府で，ゴミ屋敷リセットプロジェクトなど，先駆的な地域福祉実践をしているのが豊中市社会福祉協議会である。その豊中社協のCSWである勝部麗子氏は，CSWの役割を次のように整理している。[5]

　① 住民自らが地域課題を発見していくことができるようなしくみを作る

支援
② 住民とともに事業を作っていくという視点
③ 声なき声や，マイノリティ（少数派）など，社会的援護を要する様々な課題や制度の狭間の課題を発見し支えることの意味を共有し，当事者自身の組織化などを通じてエンパワーメントしていくことや代弁していくこと
④ 住民任せではなく，行政や専門機関も必要時に必ず支援するというネットワーク形成をするなかで，住民主体で問題解決できるしくみづくりをすること
⑤ 点と点で支え合う住民同士の助け合いから，同じ課題の共通性を考え，問題解決のルールや事業へ発展させる
⑥ 支援していく地域福祉全体のしくみ（地域福祉計画）に，CSWの役割が明確化されるように支援すること
⑦ 地域住民がいきいきと活動できるよう，専門職も腕を磨き，協働の支援の輪を常に広げていくこと

　この勝部氏の整理を基に，地域包括ケアシステム推進にあたり，行政や地域包括支援センターと社会福祉協議会との協働課題を考えてみたい。
　まず，①で書かれた「住民自らが地域課題を発見していくことができるようなしくみ」こそ，究極の地域包括ケアシステムの目標である。だが，勝部氏も指摘しているが，「専門職の下請けや指示待ちの活動」であれば「自ら動く組織」になっていかない。そのためには，住民たちの「自発性」を支え，「主体性」を引き出す支援が必要不可欠になる。この住民の「自発性」「主体性」を引き出すためには，従来型の上下関係的な関わりではなく，CSWや包括の職員が②「住民とともに事業を作っていくという視点」も必要不可欠だ。この2点が柱になければ，地域の中での問題解決を果たすことはできない。
　具体的な事業の中身に関しては，③「声なき声や，マイノリティ（少数派）など，社会的援護を要する様々な課題や制度の狭間の課題を発見し支えることの意味を共有」することが必要不可欠である。社会的ひきこもりやうつ病，若

年認知症等の当事者や家族は，自分たちの生きづらさや不安を分かち合える仲間が少なく，その地域における「声なき声」や「マイノリティ」「制度の狭間」となっている場合が少なくない。それらの人の声に耳を傾けることが，「当事者自身の組織化やエンパワメント」につながる。

また，住民活動や当事者活動の組織化にあたっては，④「住民任せではなく，行政や専門機関も必要時に必ず支援するというネットワーク形成」が必要不可欠である。元気高齢者の参加・参画意識を高め，虚弱高齢者の居場所を提供しながら，住民活動の組織化・再活性化を進めていくためには，その活動支援を担う黒子の存在が重要であり，それが行政，専門機関と住民を結ぶCSWという存在でもある。

ただ，その住民活動の組織化は，⑤「点と点で支え合う住民同士の助け合いから，同じ課題の共通性を考え，問題解決のルールや事業へ発展させる」必要がある。そうしない限り，現場レベルで積み上げた知識や対抗策も，個々人の職人芸で終わってしまう。CSWも一代限りの名人芸，ではなく，担当者が変わってもその役割が地域の中で引き継がれていくためには，CSWの事業化と継続的な人材育成のしくみづくりも必要不可欠である。

そこで大切になるのは，⑥「支援していく地域福祉全体のしくみ（地域福祉計画）に，CSWの役割が明確化される」ことである。そもそも，先に述べたA～Dまでの4つのマトリックスを，誰がどのように担うのか，そして，Dのような裾野の広い地域福祉実践をどう役割分担するのか，について，現場のデータに基づく包括的な戦略形成が必要となる。その地域福祉の戦略が，地域福祉計画である。その際，自治体が目指す包括的な地域福祉全体の戦略の中で，社協のCSWがどのような役割や位置づけを担うのか，を位置づけることも重要である。当然，行政から社協への委託や人件費補助の見直し等も，その際には検討されるべき課題である。また，社協の事業計画である地域福祉活動計画は，上記の地域福祉計画との有機的な連携が必須である。

ただ，これらのことが展開できる上では，本書の第Ⅰ部でも述べたように，「本人中心，住民主体」という軸を，専門職が決して忘れない，という点が大

切である。そのためにも，⑦「地域住民がいきいきと活動できるよう，専門職も腕を磨き，協働の支援の輪を常に広げていくこと」が求められる。ふれあいサロン活動の発展・展開が，「元気高齢者の自立支援」や「虚弱高齢者の自律支援」につながるだけでなく，「社会的援護を要する様々な課題や制度の狭間の課題」ともつながり，それらの「問題解決のルールや事業へ発展させる」ためにも，「本人中心・住民主体」というぶれない軸の下で，CSWや包括職員などの専門職の力量アップと協働，連携，そして，それを地域福祉計画で根拠づけること，などが必要不可欠である。

　もちろん，現時点で①～⑦までをすべて完璧にできている自治体などない。だが，先述のA～Dの4領域の課題に向き合う中で，Dの「緊急・重要度の低い」部分にこそ，事前予防型の地域包括ケアシステム構築における最重要課題が眠っている。事後対応型から事前予防型へと，地域福祉実践を転換していくためには，このD領域で，地域をエンパワーメントするための住民活動の組織化支援，そのためのCSWの地域展開が喫緊の課題である。

地域福祉実践から地域活動支援へ

　これまで見てきたように，地域包括ケアシステムとは，単に個別支援の積み重ねで終わらせず，そこから見えてくる地域課題に常に立ち向かう包括性と持続性を持ったケアシステム構築戦略である。この戦略を機能させるには，行政，包括，社協CSWの連携が必要不可欠である。その際，「地域づくり」は，単に福祉的課題の処理だけにはとどまらない。そこで，地域福祉実践（community social work）から，socialを抜いた地域活動支援（community work）を対置させ，最後にこの課題について考えてみたい。

　以下では，筆者なりに2つを定義してみることとする。

> **地域福祉実践（community social work）**
> 　福祉的課題を抱える人々に寄り添い，その人々を直接的に支えるしくみづくり。個別課題を「その地域における解決困難事例」として「変換」し，地域住

民と課題を共有しながら，その地域課題を解決・予防していくしくみをも作り上げていく。

> **地域活動支援（community work）**
> 　共同体の弱体化，商店街や地場産業の斜陽，耕作放棄地や限界集落，里山の崩壊や獣害，公共事業・補助金依存型の限界，外国籍やひきこもりの人々の居場所のなさ……。これらの様々な地域の問題と地域福祉課題を関連づけ，住民たちが「自分たちの問題だ」と意識化するのを支援する。住民たちが，より大きな地図の中で，領域を超え，使えるものは何でも使い，地域の中で，様々な課題を有機的に解決するための方策を考え，実践するのを後押しする。

　従来，地域包括ケアシステム構築において主体的に論じられてきたのは，「地域福祉実践（community social work）」における課題であった。だが，地域住民達が接している地域課題は「福祉課題」だけではない。中心市街地なら住民の多様化やシャッター通り商店街，限界集落なら獣害や里山保全，ベッドタウンならば新旧住民の融合や地域アイデンティティの希薄化，といった地域課題が山積されている。

　また，たとえば外国籍を持つ子どもたちの教育支援に関わるNPO，獣害対策で知恵を絞る住民グループ，商店街や地場産業の活性化組織，子育て支援やママサークルの団体，障害のある人とない人が共に働く自立生活センターや社会的事業所など，高齢者分野以外で，地域の活性化に向けた取り組みをしている様々な住民組織やボランティアグループ，NPO法人・社会福祉法人が，ここ最近増えている。これらの，地域の事を別の切り口から考えている団体と，地域福祉や高齢者支援に関わる社協，包括，民生委員がどれだけ連携できているだろうか。

　地域福祉は総力戦，という時，単に地域福祉課題「だけ」を視野に入れていては，希望は見えにくい。その地域全体が豊かになるためには，地域福祉課題を少しでも多くの住民に「自分事」と感じてもらうしくみやしかけが必要不可

欠である。ということは、地域福祉実践に関わる人々が、他の地域課題に取り組む活動団体のことを理解し、その方々と連携や協働できる素地を探すために、まずは「顔の見える関係づくり」を続けていく必要がある。福祉関係者以外に地域福祉課題を知ってもらい、協力してもらいたい、と望むのであれば、まずは福祉関係者こそ、地域福祉以外の地域課題を学び、その解決に向けて実践している人と出会い、関係性を構築することが必要不可欠なのである。

もちろん、現状では「地域福祉実践」そのものすら、充分に展開できていない地域も少なくない。だが、中長期的な将来展望を見据えると、地域づくりにおける協働のためには、「地域福祉実践」を超えた、「地域活動支援」へのアプローチが必要不可欠になっている。

注

(1) 小坂田稔（2011）「公共経営としての地域包括ケアシステムの意義」『高知女子大学紀要』6頁。
(2) 同前書。
(3) 同前書。
(4) この「事後対応」型から「事前予防」型への転換の必要性に関しては、筆者は権利擁護の視点から整理している。詳しくは下記を参照。竹端寛（2013）『権利擁護が支援を変える——セルフアドボカシーから虐待防止まで』現代書館。
(5) 勝部麗子（2009）「住民とまちづくりを支える専門職の役割」『地域福祉研究』(37) 17-23頁、を一部筆者改変。

参考文献

〈第2節〉
大石哲之（2010）『3分でわかる問題解決の基本』日本実業出版社。
川原慎也（2012）『これだけ！ PDCA』すばる舎リンケージ。

終　章
ゼロから創る地域包括ケアシステム

この本の3つの特徴

　これまで，「チーム山梨」の規範的統合の成果や，そこから見えた課題について，様々なチームメンバーの現場感覚に基づいた議論を展開してきた。この本が，地域包括ケアシステムを主題とした類書と大きく異なる点は，①特定の市町村だけをクローズアップした訳ではないこと，②現場の試行錯誤を元に他の市町村でも応用可能なヒントを差し出したこと，③にもかかわらず「チーム山梨」の規範的統合について全体でお伝えしようとしたこと，という3点であろう。

　①に関して，山梨の地域包括ケアシステムの取り組みは，まだ「日本一」とまでは言えない，成長中の段階にあると言える。そういう意味では，名張市や松江市，豊中市や和光市，富士宮市など，自治体レベルでしばしば名前が聞かれ，報告書や書籍でもたびたび取り上げられるような「ある程度完成した自治体」の本ではない。だが，それだからこそ，の魅力もある。

　この本を手に取った段階で，「これから地域包括ケアシステムをゼロベースで構築しよう」という自治体関係者も少なくない。その時に，完璧（に見えるよう）な形で地域生活支援システムや見守りシステムが示されていると，「勉強にはなるけれど，そのまま真似をすることもできないし」と，自らの自治体の現実との乖離で「ため息」が出てしまう。でも，本書に出てきた様々な自治体の取り組みは，少し工夫すれば，あなたの関わる自治体でも実現可能なことである。事例検討会の質的変化に取り組んだ富士吉田市や，「御用聞き」を行った北杜市，総合相談課を作り社協との連携を深めた南アルプス市，あるいは

介護支援専門員（以下，ケアマネジャー）の変容課題や訪問看護，作業療法士，医療ソーシャルワーカーとの連携など，多角的な取り組みが紹介されている。すると，読み手が異なっても，どこかの部分で，あなたの自治体・職場・現場との近接点があるのではないか，と期待している。

　②に関して，本書の元になる「手引き」を読まれた，この業界で長年取材をしてこられたライターの方が「随分率直な本音が綴られていますね」とコメントしてくださった。私たちは，「手引き」や本書作成を通じて，最前線の現場の人々に「届く」文章を作ろうと目指し続けた。残念ながら本書は，民生委員や地域住民にまでは，簡単に読めるわかりやすさではないと思う。だが，社会福祉士やケアマネジャー，保健師など，地域包括ケアシステムの主軸を担う専門職，あるいは訪問看護や作業療法士，医療ソーシャルワーカーなどの連携職種，そして自治体で地域包括ケアシステム推進に関わる事務担当の方にも，わかりやすく読める内容を心がけた。そのためには，厚生労働省や国レベルの報告書，専門書の引用は最低限に抑え，「チーム山梨」のメンバーが現場で出逢った困難性や克服課題を，なるべく平たい言語で書いてもらうように働きかけた。

　またこの点に関連して，本書はあなたが「カリスマ自治体職員，保健師，ケアマネジャー，ソーシャルワーカー」でなくても実現可能なこと，をふんだんに盛り込んでいる。現場で職人芸的に取り組むカリスマの存在は，確かにすばらしい。しかし一方で，カリスマ頼りでは，「その人がいなくなってしまったらオシマイ」という構造的欠陥を抱えてしまう。そこで本書の中で，特に現場からの事例報告に関しては，「格好良い成功例」としてではなく，試行錯誤の苦しいプロセスも敢えて書き込んでいただいた。これが「本音ベース」と言われる所以である。だが，そのリアリティに触れた読者の中には，「うちだけではなかった」「よそだって同じような苦労をしている」という共感が拡がるのではないか，と期待している。この共感の土台があるからこそ，「明日からもうちょっと頑張ってみよう」というやる気や勇気が芽生えて来る。本書が，そんなカンフル剤になってほしい，とも思っている。

終　章　ゼロから創る地域包括ケアシステム

　③について，山梨の地域性として，「他の都道府県では○○だ」と言われても，「それは他県だからでしょ！」で済ましてしまうが，「県内でこんなことをしている自治体もあるよ」と言われると，「それは負けていられない」「うちも何か取り組まなければ」という土壌が垣間見られる。実はだからこそ，市町村だけでなく，都道府県の役割があるのだ。人口88万の山梨県は，同じくらいの人口規模を持つ世田谷区のやり方と一緒ではあり得ない。あるいは中山間地でも，海沿いの自治体・離島を抱えた自治体と山や盆地だけの山梨県では，その住民気質も違う。そこで，「はじめに」で述べた，「チーム山梨」の規範的統合が必要不可欠なのだ。

　本書の第2章第3節でも詳細に述べられているが，このチームづくりに山梨県長寿社会課が果たした役割はきわめて大きい。全国的にみると，市町村は地域包括ケアシステムを自分事として取り組み始めているが，それゆえに，都道府県が何をしているのか，が見えにくい。本来，都道府県は，広域的・専門的視点から，単独市町村ではできないマクロレベルの規範的統合や市町村のサポートが求められているが，その具体的な方法論がわからない，という他県の職員の声も聴く。その意味では，本書を通じて，都道府県にももっとできること，すべきこと，求められていることがあるのだ，ということも，お伝えできたのではないか，と思う。

医療機関と本気で連携する前に必要なこと

　その上で，本書が言及できていないことについて，2点取り上げておきたい。1つ目は，医療機関との連携であり，2つ目は，ケアプランチェックや保険者役割について，である。

　本書では，訪問看護師や医療ソーシャルワーカー，作業療法士など，いわゆる「コ・メディカル」と言われる，医師と密接に連携する役割を担う専門職の視点までは盛り込めている。だが，往診をしてくれる医師や，医療機関そのものとの連携についてまでは，じっくり踏み込めていない。その一方，医療分野においても，地域包括ケアシステムという言葉がしばしば登場し，地域支援に

取り組む医師も増えていく中で，医療者と保健・福祉職との密接な連携がより求められる時代になっている。本書を手にとってくださった医療者の中には，その部分に記載がないことについて，がっかりする方もいるかもしれない。

だが，「チーム山梨」の展開プロセスの中で気づいたことは，医療との連携を考える前に，まず保健・福祉領域の中での「言語」と「方向性」を合わせることの重要性である。それは標準化不能な現場でのガイドライン的な共有を現場レベルでできるか，という問いである。これは一体どういうことか。

病院や裁判所は，「病気を治す」「争いを終結させる」という，わかりやすい一つの目標に向かって取り組む場である。そこにおいては，クリティカルパスや判例のような「標準化された前例」が，新たな取り組みをする際の大きな参照枠組みになる。そして，そのクリティカルパスや判例を積み重ねる中で，治療や裁判の最低限の質の担保や，同じような病気・事件なら誰が治療・裁判しても同じような結果を導くことが可能になる，という前提で動いている。事実，その質の標準化があるからこそ，医師や裁判官に対する社会的な信頼は高く，またその結果に皆が従っている。

しかし，ひとたび病院や裁判所を出ると，人の暮らしは千差万別，である。たばこは吸わない方がいいし，酒は飲まない方がいいし，早寝早起きした方がいい。病院では，治療が第一目的であるから，上記の目標はある程度は達成される。だが地域で暮らすときは治療だけが，第一目的ではない。豊かに自分らしく暮らす際，本人の生活歴や趣味・嗜好によって「望ましい暮らし」は千差万別である。もちろん，明らかに生命の危機を助長するような生き方をしている（自殺企図がある，アルコール依存になっている，ゴミ屋敷で食事も満足にとっていない……）人もいる。だが，それらの「問題ある暮らし」をしている人だって，最初からそうしている訳ではない。様々な「生きる苦悩」が重なる中で，自暴自棄や諦め，無力感などの悪循環が深まる中で，そのような状態に至るわけである。それを「標準化」された価値観に単純に当てはめようとするには，無理がある。よって，福祉専門職はなるべく一人ひとりの利用者の価値観や生き様に寄り添った支援を展開しようとする。だがそのことは，医療職から見ると，

福祉の支援者は支援のやり方や質がバラバラである（偏差が大きい），という不信感につながりやすい。

　とはいえ，地域の現場で，何の基準もなく動いている訳ではない。当事者主体（住民主体）や権利擁護を重視するなどは，どの現場にも共通する「ぶれない軸」がある。地域包括ケアシステムを展開するにあたり，福祉・保健職に求められるのは，まずその自治体のチーム形成において，大切にしたい「ぶれない軸」とは何か，という価値観の言語化と共有である。これなしに医療との連携を模索すると，医師の側からは，「みんな言っていることがバラバラでまとまりがない」と見られてしまう。在宅医療に関わる医師が多忙を極めている場合が少なくない現実において，医師に短時間で納得してもらえる言語を獲得するためには，まず保健・福祉チームの中で，その価値観を共有化し，わかりやすく医療者側に伝える言語化のプロセスに取り組む必要がある。本書は，「チーム山梨」の価値観を共有し，それを言語化する一助にもなっている，と考えている。

　その上で，地域包括ケアシステムを語る際にしばしば登場しながら，本書においては全く取り上げられていなかったもう一つの課題について考えたい。それが，ケアプランチェックや保険者役割について，である。

ケアプランチェックと保険者役割

　地域包括ケアシステムの構築を考えるとき，自立支援に向けたケアプランチェックや，それを通じた保険者役割の機能強化に力点が置かれた取り組みがクローズアップされることも少なくない。この点に関しても，「チーム山梨」では違うアプローチから取り組んできた。

　たとえばケアプランチェックに近い取り組みを行う富士吉田市の取り組みの特徴は，ケアマネジャーと包括が事例検討を通じた「学び合い」をする中で，両者の質的変容を加速化させる，という方式である。これは，事業所の数も限られていて，人口規模も4万8000人だからこそ，できたことかもしれない。普段から，ケアマネジャー・社協・包括が「顔の見える関係」を築けていたから

こそ、「義務感が喜びに変化」するような事例検討会が継続できたのかもしれない。

　だが、「介護保険給付の適正化」として求められている保険者役割を担うためにも、このアプローチは有効だった。ケアプランを最初から完璧なものにできる支援者はいない。その前に、そもそもどのようなケアプランが「望ましい姿」か、について、事業所・行政・社協という立場で、あるいは人それぞれによって、違いがある。その時に、一方的に望ましい規範を説得モードで強制しても、人は動かないし、変わらない。人は、自分自身で納得して、腑に落ちたり、自分もそうしたいと思わないと、行動変容にはつながらない。

　富士吉田市で編著者の一人の伊藤健次が関わって取り組んできたのは、1事例に3時間もかける事例検討会だった。普通の事例検討会ではあり得ない長さである。だが、筆者も実際にその様子を一度垣間見たが、その3時間の間に、ファシリテーターの伊藤は、叱責や厳しい指導をすることはなかった。「なぜそう思うのですか？」「そう判断した根拠は何ですか？」「ほかに考えられる選択肢はないのでしょうか？」と優しい口調で参加者全体に投げかける中で、ケアマネ自身が深く「内省」し、チームメンバーやファシリテーターと「対話」する中で、自分自身の「見立て」やプランニングの限界や狭さに自ら気づいていくプロセスを、メンバーと共有していた。それは、チームメンバーにとっても、恥や苦しみではなく、事例検討を通じた専門職としての「気づき」を得られ、時には失いかけていた誇りや自信を取り戻し、明日のケアプランづくりに向けた勇気や希望を抱くための、専門職のリハビリテーションの場になっていた。

　再度「はじめに」で議論したことに戻るとするならば、このような専門職の底上げの場作りこそ、自治体レベルにおける「規範的統合」の為に重要なことである。そして、そのような規範的に統合されたチームの一員ならば、専門職の倫理性も高まり、顔が見える関係も作用して、介護給付費の乱用や不正請求も防ぐことが可能になる。介護給付費の適正化、とは、このような現場支援者の底上げのプロセスの中で、充分に果たしうることである。その意味では、富士吉田市のアプローチとは、「ケアプランチェックとは言わないケアプランチ

ェック」の実質的役割を果たしている，と言えるかもしれない。

住民の幸せを「持続可能」にするために

「チーム山梨」が大切にしてきたことであり，本書でも重視してきたのは，現場のリアリティに基づきながら，「自分たちの頭で考え」，その現場で成功する解決策としての「成解」を導き出すことであった。

地域包括ケアシステムとは，これまで何度も書いてきたように，唯一の正しい解決策としての「正解」がない。その自治体の人口規模や社会資源，人々の暮らし方，価値観，土地の歴史……などが，その地域で成功する解決策としての「成解」を導く際，大変重要な要素になっている。

だからこそ，市町村（大都市では区）といった「顔の見える関係」の中で，地域包括ケアシステム推進に向けた多職種協働で官民合同のチームを作る中からしか，始まらないのである。そして，そのチームの中で，本書も参考にしながら，「自分たちの頭で考え続ける」ことが求められているのである。本書のタイトルが「自分たちで創る」となっているのも，現場発の，ボトムアップ型の生成プロセスでしか，この地域包括ケアシステムは本当に機能しないと思っているからである。もちろん，首長や議会が主導してくれるなら，それでもよい。だが，実際に音頭をとるリーダーがいても，現場レベルでの指揮官が動かないと，このシステムは機能しない。そういう意味では，「上がやってくれるのを待つ」のではなく，「上をその気にさせる」システム形成が，現場レベルのチームリーダーには求められているのである。

「チーム山梨」の展開も，まだまだ始まったばかりである。システム形成は，常に変化していく必要がある。冒頭にも引用したが，改めて山梨版の「地域ケア会議」の定義を，もう一度引用しておく。

> 地域ケア会議とは，自分の住んでいる地域でよりよい支え合いの体制づくりを作るためのツールであり，単に会議を開催すればよいのではなく，各地域の実情に基づいて，地域づくりの展開のプロセスの中で，開催形式や方法論を柔軟

に変えていくことが求められる,動的プロセスである。

　地域包括ケアシステムの立ち上げ序盤と,ある程度の価値観や言語の浸透・共有ができた中盤では,「開催方式や方法論」は同じではダメだ。地域のリアリティや,議論の成熟度,自治体内での支援システムの構築度に応じて,柔軟にやり方を変える「動的プロセス」を歩みに続ける必要がある。

　そして付言するならば,その際いつも立ち戻るべきは,一つひとつの個別事例である。その地域の中で解決困難と言われている「困難事例」である。これらの事例には,その地域で「暮らしづらい」「生きづらい」といった「生きる苦悩」が最大化した人々が関わっている。その人々の「絶望」を「希望」に変えるための方法論が,地域包括ケアシステムというものである。自治体予算「だけ」の持続可能性を担保するものであれば,本末転倒である。住民の幸せを保持し続けるための地域包括ケアシステムの構築こそが求められている。

　この点をぶれずに共有しながら,皆さんのお住まいの・関わる地域で,持続可能な動的プロセスを作り出していただきたい。そのために,本書がその一助となれば幸いである。

おわりに

　まさか一冊の本になるなんて，本書執筆者の誰も，最初から考えてはいなかった。

　渦の始まりは，編著者の一人上田美穂が企画し，竹端寛も誘われて入った山梨県福祉保健部長寿社会課の「地域包括ケア推進研究会」だった。その研究会で，私たちは「地域包括ケアシステムの推進」という「お題目」を，山梨の実態と結びつけて考えることからスタートした。やがて伊藤健次や望月宗一郎もその輪に加わり，現場の地域包括支援センターやケアマネジャー，社会福祉協議会職員，訪問看護師などの様々な「困難な物語」を，じっくり聞き続けた。その中で，山梨の現場の人々にも提案できることがあるのではないか，と考え，本書でも度々登場する「地域ケア会議推進のための手引き」を作った。

　それと同時に，上田のコーディネートの下で，竹端・伊藤・望月の3人はアドバイザーとして，県内の市町村を回り始めた。アドバイザーと言っても，理論や抽象的言語を振りかざして，現場にお説教に出かけたのではない。本書の表現を用いるなら，「御用聞き」として，各自治体・担当者の抱える「困難な物語」に耳を傾け，そこからその現場でできるモデル実践を一緒に考え合い，その推進を見守ってきた。

　このような研究会やアドバイザー派遣事業の「動的プロセス」の中で，2014年3月に「地域ケア会議推進のための手引き（Part2）」を出した辺りから，「これは本になるのでは！」と思い始めた。全国的に有名な先進事例やカリスマ担当者「ではない」地域・担当者の変容や成長の物語だからこそ，全国の他の多くの自治体や地域包括支援センター，ケアマネジャーにも手に届く物語となるのではないか，というアイデアだ。

　このように小さな渦が拡大して，一冊の本としてできあがるまでには，実に

多くの皆様のご協力やご支援があった。山梨県長寿社会課の歴代課長や課員の皆様が,「地域包括ケア推進研究会」を暖かく見守り,自由な討論に基づく創発的な場として開くことにご理解くださったからこそ,この渦は始まった。この研究会に参加した多くの現場の支援者,行政・社協職員たちの熱い議論が,この渦を大きくしてくださった。アドバイザー派遣を受け入れてくださった自治体担当者が,胸襟を開いて本音でその地域の「困難な物語」を聞かせてくださったことが,この本を書き進める最大の原動力になった。また美作大学の小坂田稔先生のアドバイスがなければ,アドバイザー派遣事業の研究者チームは生まれなかっただろう。富士宮市地域包括支援センター長の土屋幸己氏からは,全国的な流れの中で山梨の立ち位置がどうなっているか,を何度もご教示頂いた。そして,ミネルヴァ書房の北坂恭子さんは,タイトなスケジュールの中,「書き手の何人かが配置換えになる前の2014年度中にこの本を仕上げたい」という編者のわがままな要望を聞き入れてくださり,しっかりした仕事をしてくださったことで,ようやくこの本が陽の目を見ることになった。このプロジェクトに関わってくださったすべての皆様に,心より御礼申し上げたい。

　本書は,地域包括ケアシステム推進という「動的プロセス」における,現時点での到達点であり,かつ一つの通過点でもある。この推進の旅は,これからがまさに本番の課題である。そんな時期に,各地で悩み・苦しみながら,この動的プロセスを「自分事」として考えている「同志」の皆さんにとって,本書が少しでもお役に立てれば幸いである。

　2015年2月吉日

編著者一同

＊竹端寛の分担執筆部分はJSPS科学研究費：26380789の助成を受けたものである。

さくいん

あ行

アウトリーチ 111
医療機関との連携 119, 120
医療ソーシャルワーカー 117-124
医療ソーシャルワーカー業務指針 119
エクスプレスド・ニード 100
小坂田稔 v, 37, 153

か行

介護支援専門員(ケアマネジャー) 109-117
　——の基礎資格 112
　——の専門性 110, 111
　——の変容課題 113
介護福祉士 112
課題 68-70
看護者の倫理綱領 126
看護の特徴 126
規範的統合 ii, 183
CAPDo 165
　——アプローチ 152
「金太郎飴プラン」 110
グループスーパービジョン(GSV) 84
ケアマネジメントの質的転換 115
ケアマネジャー →介護支援専門員
県担当者の役割 40-43
高齢者いきいきプラン 50
個別ケースから入った地域ケア会議 90
個別の問題 99
コミュニティソーシャルワーカー(CSW) 172
　——の役割 177
コミュニティソーシャルワーク(CSW) 95
御用聞き 11, 55-58
困難事例 79
　——の解決 79
コンパラティブ・ニード 100

さ行

在宅生活 1
作業療法士 132, 133
事前予防型 49
市町村介護保険事業計画 159
市町村へのアドバイザー派遣 37
住民活動の組織化 179
小地域ケア会議 11, 13, 24, 144
ストレングス 117
ストレングスモデル 16
成解 iv, 6, 8
正解 iv
セルフケアの支援 127
相談 47
相談支援 48
ソーシャル・キャピタル 71, 74

た行

第3次地域福祉計画 50
地域アセスメント表 64
地域課題 4, 71, 99, 101
　——を見出す 63
　——を見出すための個別課題整理シート 72, 73
地域活動支援 181
地域ケア会議 iii, 4, 7, 23, 27, 32, 34, 114, 148, 151, 154
　——が果たすべき機能 75
　——で必要な要素 27
　——に求められる専門性 13
　——の機能 23
　——の定義 154
　——の目的 74, 84
地域ケア会議推進のための手引き〜市町村・地域包括支援センターの視点から〜 iii

193

地域支援事業　34
地域生活　1
地域ビジョン　31
地域福祉計画　50
地域福祉実践　180
地域包括ケアシステム　117
地域包括ケアシステムを構築するための制度論
　　等に関する調査研究事業報告書　i
地域包括ケア推進研究会　21
地域包括ケア推進に必要な連携　145
地域包括支援センター　47
地域力　→ソーシャル・キャピタル
ディマンド　104
動的プロセス　iv, 148, 151
　　──としての地域ケア会議　155

な行

ナラティヴ・ソーシャルワーク　11
ナラティヴ・アプローチ　11, 12
ニーズ　100, 104
ノーマティブ・ニード　100

は行

パターン化　15

PDCA サイクル　152, 159, 160
ファシリテーター　18
フィードバック　166
フィードフォワード　166
フェルト・ニード　100
プロセス・コンサルタント　18
包括ケアの定義　1
保健師　68
ボトムアップ型の地域包括ケアシステム　26
本人中心　2
本人中心のチームづくりのための6か条　130

ま行

間違った効率化　77
無自覚な先入観　12
無知の姿勢　11
問題　68

ら行

リーダー　18
連携　108, 142

執筆者紹介（執筆順，所属，執筆担当，＊は編著者）

＊竹端　寛（たけばた　ひろし）（編著者紹介参照：はじめに，序章，第1章，第6章序・第4節，終章）

＊上田　美穂（うえだ　みほ）（編著者紹介参照：第2章，第5章第3節，第6章第1節）

千野　慎一郎（ちの　しんいちろう）（南アルプス市地域包括支援センター：第3章第1節）

篠原　美幸（しのはら　みゆき）（北杜市役所福祉部ほくとっこ元気課家庭児童相談員：第3章第2節）

＊伊藤　健次（いとう　けんじ）（編著者紹介参照：第4章序・第2・4・5節，第5章第1節）

＊望月　宗一郎（もちづき　そういちろう）（編著者紹介参照：第4章第1節，第5章序・第5節，第6章第2節）

宮下　美幸（みやした　みゆき）（富士吉田市地域包括支援センター：第4章第3節）

内藤　亮（ないとう　りょう）（韮崎市国民健康保険韮崎市立病院医療ソーシャルワーカー：第5章第2節）

久保田　好正（くぼた　よしまさ）（株式会社斬新社，作業療法士：第5章第4節）

中澤　まゆみ（なかざわ　まゆみ）（南アルプス市社会福祉協議会：第6章第3節）

編著者紹介

竹端　寛（たけばた・ひろし）
2003年　大阪大学大学院人間科学研究科博士後期課程修了。
現　在　兵庫県立大学環境人間学部准教授。博士（人間科学）。

伊藤　健次（いとう・けんじ）
2012年　日本福祉大学大学院社会福祉学研究科社会福祉学専攻修了。
現　在　健康科学大学看護学部教授。社会福祉士，介護福祉士，介護支援専門員。

望月　宗一郎（もちづき・そういちろう）
2006年　山梨大学大学院医学工学総合教育部人間環境医工学専攻博士課程修了。
現　在　山梨県立大学大学院看護学研究科講師。医科学博士。保健師，介護支援専門員。

上田　美穂（うえだ・みほ）
1991年　山梨県立高等看護学院保健婦学科修了。
現　在　山梨県立こころの発達総合支援センター。保健師。

新・MINERVA 福祉ライブラリー㉓
自分たちで創る現場を変える地域包括ケアシステム
――わがまちでも実現可能なレシピ――

2015年3月31日　初版第1刷発行　　〈検印省略〉
2018年5月10日　初版第3刷発行

定価はカバーに表示しています

編著者	竹端　　寛 伊藤　健次 望月　宗一郎 上田　美穂
発行者	杉田　啓三
印刷者	中村　勝弘

発行所　株式会社　ミネルヴァ書房
607-8494 京都市山科区日ノ岡堤谷町1
電話代表　（075）581-5191
振替口座　01020-0-8076

© 竹端寛ほか, 2015　　中村印刷・清水製本

ISBN978-4-623-07331-3
Printed in Japan

―― 新・MINERVA 福祉ライブラリー ――

小野　浩 監修／障害福祉青年フォーラム 編
障害のある人が社会で生きる国　ニュージーランド
　　──障害者権利条約からインクルージョンを考える
A5判・216頁
本体 2,500円

永田　祐 著
住民と創る地域包括ケアシステム
　　──名張式自治とケアをつなぐ総合相談の展開
A5判・228頁
本体 2,500円

高畠克子 編著
DV はいま
　　──協働による個人と環境への支援
A5判・336頁
本体 3,500円

倉田　剛 著
居住福祉をデザインする
　　──民間制度リバースモーゲージの可能性
A5判・226頁
本体 3,500円

斉藤幸芳・藤井常文 編著
児童相談所はいま
　　──児童福祉司からの現場報告
A5判・258頁
本体 2,500円

髙良麻子 編著
独立型社会福祉士
　　──排除された人びとへの支援を目指して
A5判・240頁
本体 2,800円

―― ミネルヴァ書房 ――

http://www.minervashobo.co.jp